OSTFRIESLAND

NORDSEEKÜSTE NIEDERSACHSEN
HELGOLAND

INSIDER-TIPP
Deine Abkürzung ins Erleben!

Reisen mit MARCO POLO Insider-Tipps

MARCO POLO TOP-HIGHLIGHTS

GREETSIEL ★1

Nicht nur den Krabbenfans gilt Greetsiel als schönster Kutterhafen ganz Ostfrieslands.

📷 *Tipp: Die Zwillingswindmühlen (Foto) wirken von der anderen Seite des Greetsieler Sieltiefs noch idyllischer.*

➤ S. 56, Ostfriesland

KUNSTHALLE EMDEN ★2

Klassische Moderne in Emden, gestiftet vom langjährigen „Stern"-Chef Henri Nannen.

➤ S. 53, Ostfriesland

NORDSEELAGUNE IN BUTJADINGEN ★3

Dreifacher Badespaß am Salzwassersee: auf Rasen, im Sand und im Watt vorm Deich.

➤ S. 91, Friesland, Jadebusen, Butjadingen

DEUTSCHES AUSWANDERERHAUS IN BREMERHAVEN ★4

Geschichte als spannendes Abenteuer: Hier kannst du selbst eine Auswandererreise miterleben.

➤ S. 96, Zwischen Weser und Elbe

LANGE ANNA ★5

Helgolands Wahrzeichen: die rote Felssäule aus Sandstein im Meer.

📷 *Tipp: Bei Sonnenuntergang ist das Licht besonders schön.*

➤ S. 114, Helgoland

OSTFRIESISCHES LANDESMUSEUM IN EMDEN 6
Geschichte und Geografie ganz modern präsentiert.
Tipp: Vom angegliederten Rathausturm aus gibt es einen herrlichen Panoramablick über die Stadt.

➤ S. 52, Ostfriesland

KLIMAHAUS 8 GRAD OST IN BREMERHAVEN 7
Auf dem Bremerhavener Längengrad umwanderst du alle Klimazonen der Erde, frierst, schwitzt und erlebst allerhand Neues.
Tipp: Ein traumhaftes Motiv ist der Südsee-Sternenhimmel über Samoa.

➤ S. 97, Zwischen Weser und Elbe

NEUWERK 8
Ob Wattwanderung oder Kutschfahrt – der Weg zur Insel ist ein großes Erlebnis.

➤ S. 106, Zwischen Weser und Elbe

MOORMUSEUM MOORDORF 9
Hier erhältst du einen eindrucksvollen Einblick in vortouristische Zeiten. Und danach gibts Torte in der Teestube!
Tipp: Die Größenverhältnisse werden deutlich, wenn ein Mensch vor den kleinen Häuschen steht.

➤ S. 49, Ostfriesland

ZOO AM MEER IN BREMERHAVEN 10
Den modernsten Zoo der Küste darfst du nicht verpassen!

➤ S. 96, Zwischen Weser und Elbe

INHALT

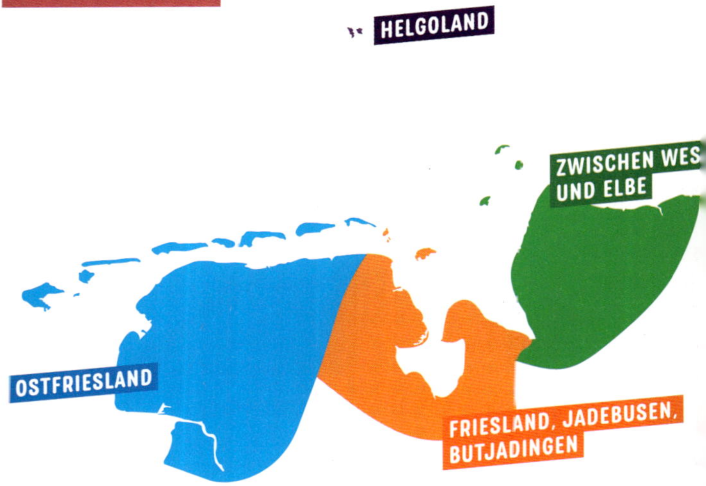
HELGOLAND
ZWISCHEN WESER UND ELBE
OSTFRIESLAND
FRIESLAND, JADEBUSEN, BUTJADINGEN

Besuch planen
-€€€ Preiskategorien
*) Kostenpflichtige Telefonnummer
Essen/Trinken
Shoppen
Ausgehen
Top-Strände

A2) Herausnehmbare Faltkarte
0) Außerhalb des Faltkartenausschnitts

BESSER PLANEN MEHR ERLEBEN!

Digitale Extras
go.marcopolo.de/app/ofl

MARCO POLO

DIGITALE EXTRAS

Werde Teil unsere[r]
Reise-Communit[y]
und folge uns au[f]
Instagram und
Facebook!

DIGITAL NOCH MEHR ERLEBEN

1. Website besuchen
2. Die digitale Welt von MARCO POLO entdecken
3. App runterladen und ab in den Urlaub

Alle Infos zum digitalen Angebot
unter **marcopolo.de/app**

DAS BESTE ZUERST

Nicht der höchste in Ostfriesland, aber für viele der schönste: Pilsumer Leuchttur

BEST OF

BEI REGEN

SCHÖN, AUCH WENN ES REGNET

WIE IN BELLA ITALIA

Im *Mediterraneo* in Bremerhaven bummelst du durch italienisch anmutende Gassen an den Geschäften vorbei und kannst am Brunnen auf der Piazza unter einer hohen Glaskuppel Cappuccino genießen.

➤ S. 100, Zwischen Weser und Elbe

MOORBAUER AUF ZEIT

Das Leben der ersten Siedler im Moor war hart. Im *Moormuseum Moordorf* wurden ihre Behausungen originalgetreu nachgebaut. Wenn es draußen schüttet, kommst du in Hütten und Katen dem Lebensgefühl jener Zeit besonders nah. Und wenn das Wetter allzu arg wird, kannst du dich in der Teestube aufwärmen.

➤ S. 49, Ostfriesland

FRIESISCH-HERB

In *Jever* ist nicht nur eine der bekanntesten Brauereien Deutschlands zu besichtigen. Im angeschlossenen *Brauereimuseum* lässt sich auch die Biergeschichte studieren. Dort vergisst du schnell den Regen draußen und widmest dich lieber feuchten Kehlen.

➤ S. 78, Friesland, Jadebusen, Butjadingen

WELTERBE WATTENMEER

Im *Nationalparkzentrum Wattenmeerhaus* in Wilhelmshaven kanst du auf interaktive Weise viel über das Unesco-Welterbe Wattenmeer erfahren, Wale singen und Orkane toben hören.

➤ S. 83, Friesland, Jadebusen, Butjadingen

WELTUMRUNDUNG

Im *Klimahaus 8 Grad Ost* (Foto) in Bremerhaven erlebst du vielerlei Wetter, nur keinen Regen. Deine Wanderung führt dich immer auf dem gleichen Längengrad einmal rund um den Globus. Mal wirst du frieren, mal schwitzen – aber nirgendwo nass.

➤ S. 97, Zwischen Weser und Elbe

BEST OF

LOW-BUDGET

FÜR DEN KLEINEN GELDBEUTEL

KUNSTSPAZIERGANG
Dangast ist der berühmteste Künstlerort an der Küste. Zeitgenössische Werke verbergen sich hier nicht in Museen, sondern stehen frei zugänglich vor dem Alten Kurhaus. Ein *Kunstpfad* führt quer durch den Ort, ein *Skulpturenpfad* rund um den Jadebusen.
➤ S. 87, Friesland, Jadebusen, Butjadingen

EIN OSTFRIESISCHER JUDE
Von der jüdischen Vergangenheit Ostfrieslands kann wohl keiner lebhafter, humorvoller und sachkundiger erzählen als Georg Murra-Regner in der *Synagoge von Dornum*. Er ist ein waschechter Ostfriese und spricht auch perfekt Platt. Die Führung durch das Gotteshaus ist kostenlos.
➤ S. 63, Ostfriesland

WIE EIN AUTO ENTSTEHT
Die Passatwinde waren für die Segelschifffahrt vergangener Zeiten ein wichtiger Faktor. Heute spielt der Passat nur noch in Emden eine große Rolle: Da wird er im *Volkswagenwerk* gebaut. Bei kostenlosen Führungen kannst du sehen, wie er entsteht.
➤ S. 53, Ostfriesland

STRÄNDE VON BUTJADINGEN
An den meisten deutschen Nordseestränden wird von Tagesgästen Eintritt und von Urlaubern eine Gästekarte verlangt. Die Grünstrände von *Burhave* und *Eckwarderhörne* sowie den Sandstrand von *Tossens* hingegen kannst du kostenlos nutzen.
➤ S. 91, Friesland, Jadebusen, Butjadingen

MARITIMES AN LAND
Auf dem *Museumsweg* in Carolinensiel erhältst du an 37 Stationen Informationen zum Nulltarif und lernst viel über Schiffbau, Schifffahrt und Handel vergangener Zeiten (Foto).
➤ S. 69, Ostfriesland

BEST OF

MIT KINDERN

SPANNENDES FÜR GROSS & KLEIN

ENERGIE HAUTNAH ERLEBEN
Kurbeln drehen, Bälle durch Tunnel schubsen, Turbinen verstellen, die Kraft des Winds spüren und Rätsel lösen: Im *EEZ* in Aurich dürfen kleine (und große) Menschen alles ausprobieren.
➤ S. 48, Ostfriesland

AUF IN DIE NATUR
Einfach mal ins Grüne fahren, durchs Gras und um Teiche streifen und dabei viel über Tiere und Natur erfahren, eine „Piepshow" ansehen und alles anfassen und ausprobieren dürfen: Kleine und große Entdecker haben alle Freiheiten (und freien Eintritt) in *Befis Naturgarten* in Burlage.
➤ S. 46, Ostfriesland

MIT ALPAKAS AUF TUCHFÜHLUNG
Auf dem *Erlebnishof Strohabenteuer* bei Aurich können Kinder sich so richtig austoben: Es gilt, die Alpakas Roadrunner, Snowflake und Landboy kennenzulernen, Esel und Ziegen zu streicheln und Hühner zu füttern. Zwischendurch kann man sich im Melkhus mit Waffeln, Kuchen oder Eis stärken.
➤ S. 50, Ostfriesland

RUND UMS WASSER
Eisbären, Pinguine, Seehunde und Otter fühlen sich in den großzügig angelegten Meerwasserbecken im *Zoo am Meer* (Foto) in Bremerhaven pudelwohl. Mit dem Schwerpunkt auf nordische Tiere und solche, die im und am Wasser leben, hat der Zoo ein klares Konzept.
➤ S. 96, Zwischen Weser und Elbe

PROTESTSCHWEIN UND BRONZEPUTE
Elefanten und Löwen haben viele Zoos Woll- und Protestschweine, Bronzepu ten und Bartkaninchen aber sind ech te Raritäten, mit denen der *Haustier park Werdum* aufwarten kann. De Eintritt ist für Kinder frei und viele Tie re darf man streicheln.
➤ S. 67, Ostfriesland

BEST OF

TYPISCH

DAS ERLEBST DU NUR HIER

KUTTERKUNDE
Krabbenkutter gehören zu Ostfriesland wie Wattwürmer zum Wattenmeer. In *Neuharlingersiel* liegen besonders viele dieser Schiffe im Hafen. Am Kai ist hier zu lesen, wann jedes gebaut wurde und wie stark es motorisiert ist.
➤ S. 72, Ostfriesland

OSTFRIESISCHE TEESTUNDE
In der *Stadt-Schkür* in Esens genießt du deinen Ostfriesentee besonders stilvoll in historischem Ambiente zwischen wertvollen Antiquitäten und bekommst dazu auch die Zeremonie erklärt.
➤ S. 66, Ostfriesland

BARFUSS DURCHS WATT
Ohne eine Wattwanderung bleibt jeder Ostfriesland-Urlaub unvollständig. Wenn du dabei auch ein Ziel vor Augen haben willst, geh mit einem Führer von Cuxhaven aus hinüber zur Insel *Neuwerk*.
➤ S. 106, Zwischen Weser und Elbe

WINDIGE ZWILLINGE
Windmühlen sind ein typisches Element der ostfriesischen Landschaft. In Greetsiel stehen zwei *Galerieholländer* äußerst fotogen nebeneinander. Du kannst sie nicht nur besichtigen, sondern dort auch Kaffee oder Tee trinken.
➤ S. 57, Ostfriesland

BEIM BLÖDELBARDEN
Otto Waalkes ist Deutschlands bekanntester Ostfriese. Er hat sich in Emden mit dem *Otto Huus* sein eigenes Museum geschaffen – mit vielen Reminiszenzen an seine Filme (Foto).
➤ S. 52, Ostfriesland

LETZTE KNEIPE VOR NEW YORK
Vor dem *Treffpunkt Kaiserhafen* in Bremerhaven liegen große Pötte am Kai, drinnen isst du unter Fischernetzen zwischen Galionsfiguren und allerlei anderen nautischen Accessoires. Mehr Seefahrtsstimmung geht nicht!
➤ S. 100, Zwischen Weser und Elbe

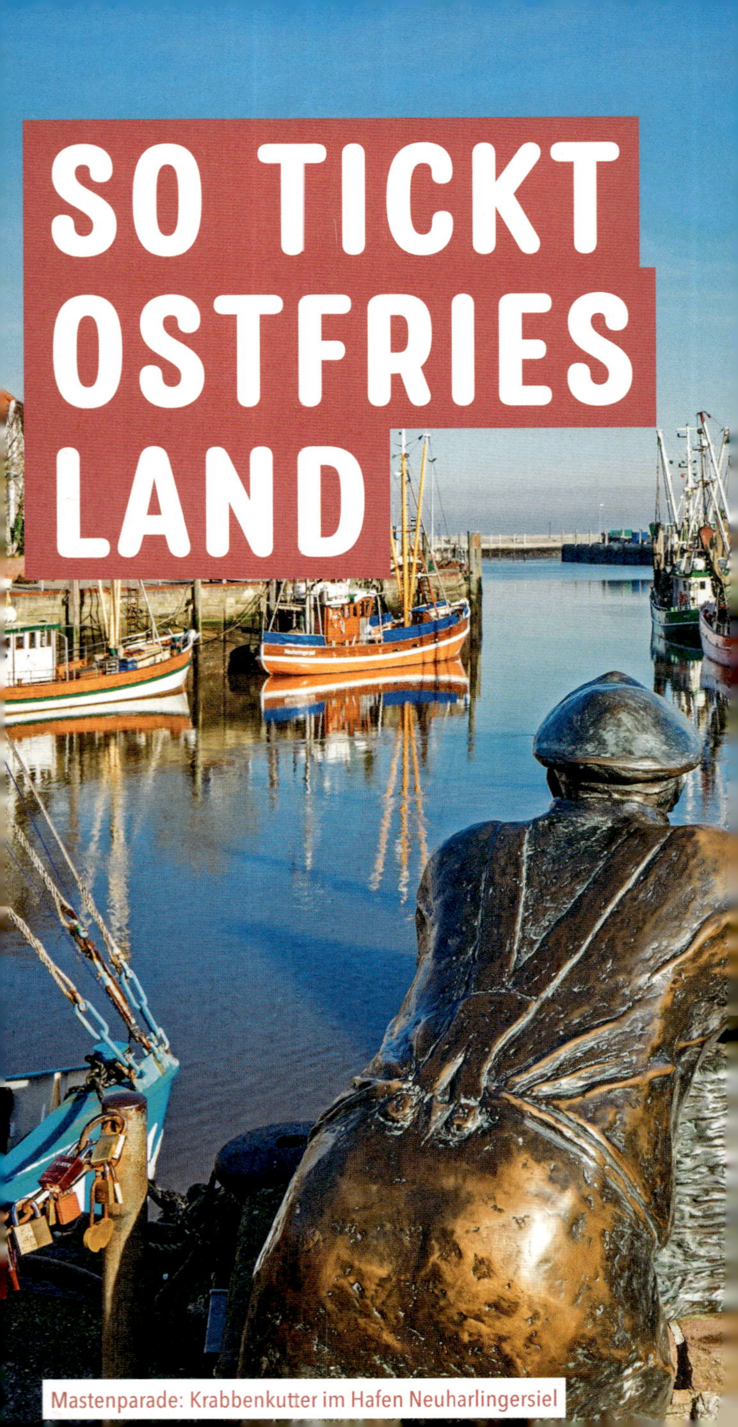

Mastenparade: Krabbenkutter im Hafen Neuharlingersiel

ENTDECKE OSTFRIESLAND

Klassisches Friesenidyll: Reetdachhaus und blühende Heckenrosen

Die meisten Menschen reisen an die niedersächsische Nordseeküste, um Urlaub am Meer zu machen, im Watt zu wandern, durch die flache Landschaft zu radeln oder lange Deichspaziergänge zu unternehmen. Wenn sie wieder abreisen, haben sie viel mehr entdeckt: eine einzigartige Natur- und Kulturlandschaft mit mittelalterlicher und moderner Kunst und eine Urlaubsregion, die viele Möglichkeiten bietet, um etwas zu erleben.

Die Nordsee ist anders als das Mittelmeer oder die Ostsee: Ebbe und Flut versetzen sie in einen ständigen Kreislauf. Die Gezeiten bewirken, dass der Meeresboden zweimal täglich für einige Stunden trockenfällt. Diesen von der Tide beeinflussten Bereich nennt man das Wattenmeer. Es ist heute als Nationalpark weitgehend unter Schutz gestellt, denn es bietet Tausenden von Tieren und vielen Pflanzen eine weltweit einzigartige Lebenswelt. Urlauber können sie entde-

um 700 n. Chr.
Das Land zwischen Weser und Ems wird von Friesen bevölkert; zwischen Weser und Elbe siedeln Sachsen

um 1100
Die Landgemeinden lösen sich von der Vorherrschaft binnenländischer Grafen und schaffen die „Friesische Freiheit". Treffpunkt der Gemeindevertreter wird der Upstalsboom bei Aurich

um 1350
Einzelne Geschlechter reißen in den bis dahin freien Landgemeinden die Macht an sich und werden als Häuptlinge quasi zu adligen Herren

um 1650
Erschließung der Moore im Landesinneren

cken: in den vielen Nationalparkhäusern entlang der Küste, auf geführten Wattwanderungen, aber auch schon bei Spaziergängen entlang der Strände.

MEERBLICK ÜBERALL, LANGER SANDSTRAND NICHT IMMER

Diese sind ganz unterschiedlich. Mit kilometerlangen, von Dünen gesäumten Sandstränden können nur die sieben bewohnten Ostfriesischen Inseln aufwarten. Entlang des Festlandufers findet man lange Sandstrände dagegen nur an wenigen Stellen: nördlich von Wilhelmshaven, an der Westküste Butjadingens und vor allem im Bereich von Cuxhaven. Ansonsten kannst du zumeist an künstlich aufgeschütteten Sandstreifen oder auf der grünen Wiese die Sonne genießen.

WICHTIGER HANDEL ÜBER DAS MEER

Was wäre das Meer ohne Fischerei und Schifffahrt? Sie haben jahrhundertelang neben der Viehwirtschaft den Charakter der Region geprägt. Als es noch keine Eisenbahnen und Straßen gab, spielte sich der überwiegende Teil des Fernhandels an den Küsten und auf Flüssen, seit dem 17. Jh. dann auch auf Kanälen ab. Viele Hafenorte wie etwa Greetsiel, Carolinensiel, Hooksiel oder Fedderwardersiel waren Handelshäfen von überregionaler Wichtigkeit, in denen Segelschiffe gebaut wurden, die auf allen Weltmeeren unterwegs waren. Dort sind alte Pack- und Kapitänshäuser erhalten geblieben. In manchen von ihnen können Urlauber wohnen oder speisen, andere sind in spannende Schifffahrtsmuseen verwandelt worden.

1744 Ostfriesland wird preußisch

1871 Das preußische Ostfriesland wird Teil des Deutschen Reichs

1946 Gründung des Bundeslands Niedersachsen

1986 Gründung des Nationalparks Niedersächsisches Wattenmeer, der 2009 zum Unesco-Welterbe wird

2019 Die Emsmündung wird unter Naturschutz gestellt

2020/2021 Trotz vergleichsweise niedriger Inzidenz leidet Ostfriesland schwer unter der Pandemie

Die niedersächsische Nordseeküste besteht aber nicht nur aus idyllischen Hafen- und modernen Badeorten. Für die Menschen der Region sind ihre großen Hafenstädte ebenso wichtig. Erdöl und Kohle werden in Wilhelmshaven angelandet, das mit dem Jade-Weser-Port auch über Deutschlands einzigen Tiefwasserhafen für riesige Containerschiffe verfügt. Via Emden und Bremerhaven werden Autos im- und exportiert. Bremerhaven und Cuxhaven sind Deutschlands bedeutendste Anlandehäfen für Seefische und Sitz zahlloser Fisch verarbeitender Betriebe. So stammt beispielsweise fast jedes in der Bundesrepublik verzehrte Fischstäbchen von hier. Bremerhavens Containerhafen ist schließlich nach Hamburg die Nummer zwei in Deutschland. Auf Hafenrundfahrten gewinnen auch ausgesprochene Landratten einen Einblick in diese maritime Erlebniswelt.

SPORT AM UND AUF DEM WASSER

Wer sich Wind und Wellen aktiv anvertrauen will, findet längs der niedersächsischen Nordseeküste auch dazu eine ganze Reihe von Möglichkeiten: Segelschulen bringen dir im Urlaub die Grundlagen dieser Sportart bei; Segelyachten kannst du mit und ohne Skipper mieten; Windsurfer und Wasserskiläufer sind in Hooksiel gut aufgehoben. Fischkutter laufen von vielen Küstenorten zu Fangfahrten aus, bei denen die Fahrgäste die Angel auswerfen und die gefangenen Dorsche oder Makrelen behalten können.

DAS BINNENLAND NICHT VERGESSEN!

Die drei Halbinseln, die zwischen Dollart, Jadebusen, Weser und Elbe liegen, sind aber nicht nur entlang der Küste eine attraktive Ferienregion. Erst Ausflugsfahrten ins Hinterland vermitteln ihren ganzen Reiz. Landschaftlich ist da viel zu entdecken, Moorseen beispielsweise, die die Friesen Meere nennen (weil das Meer bei ihnen ja See heißt, siehe Nordsee). Einige sind für den Wassersport freigegeben, andere reine Naturschutzgebiete, die du auf Plankenwegen umwandern kannst. Zum Erstaunen vieler Besucher gibt es hier sogar Wasserburgen und stattliche Schlösser, von denen das in Jever das prächtigste ist. Die Burgen sind größtenteils Relikte aus den vielen Jahrhunderten, in denen die Mächtigen immer wieder ihr Volk in den Krieg schickten, um für sie Land zu erobern.

DIE NORDSEE ALS STÄNDIGE GEFAHR

Eine Bedrohung für alle Küstenbewohner blieb die See. Immer wieder schlugen Sturmfluten tiefe Breschen ins Land. Allein die zweite Marcellusflut 1362 kostete mehr als 10 000 Menschen das Leben; viele Dörfer versanken damals in den Fluten. Die Menschen hielten dagegen, bauten höhere Deiche und versuchten durch Eindeichungen altes Land zurückzugewinnen und neues zu schaffen. So kommt es, dass einstige Hafenstädte wie Norden, Wittmund oder Jever heute im Binnenland liegen. Mehrere Museen informieren über diese Vorgänge und die heutigen Deiche, die die Küste nun endlich sicher schützen.

AUF EINEN BLICK

466.000

Menschen leben insgesamt in Ostfriesland

2,3 m unter Normalnull

Tiefster Landpunkt in Ostfriesland (in Freepsum)

148 Ew.
pro Quadratkilometer

Deutschland gesamt: 237 Menschen pro km²

5,1939 Grad
Neigung

Schiefster Turm der Welt in Suurhusen

SCHMALSTE AUTOBRÜCKE DEUTSCHLANDS
1,85 m

über die Leda in Amdorf bei Leer

HÖCHSTER LEUCHTTURM DEUTSCHLANDS
63,3 m

in Campen bei Emden

GRÖSSTE DREHBRÜCKE EUROPAS
159 m

Kaiser-Wilhelm-Brücke in Wilhelmshaven

3.450 QUADRATKILOMETER

Größe des Nationalparks Niedersächsisches Wattenmeer – deutlich größer als das Saarland

300 l Tee

trinkt ein Ostfriese pro Jahr – weltweit der höchste Konsum pro Kopf (Deutschland gesamt etwa 30 l pro Kopf)

581 GRAMM IN 20 MINUTEN
Rekord im Krabbenpulen in Butjadingen

RUND 3.500 KILOMETER
LÄNGE DES RADWEGNETZES IN OSTFRIESLAND

OSTFRIESLAND VERSTEHEN

NASSE FÜSSE

Wo gerade noch trockener Boden war, kann in wenigen Stunden schon das Wasser gluckern. Und wo man eben noch versonnen aufs Meer geschaut hat, ist dann womöglich nur noch matschiger Boden zu sehen. Während man an den meisten Küsten der Welt gar nicht merkt, wie der Meeresspiegel regelmäßig ansteigt und wieder abfällt, sind Ebbe und Flut an der Nordsee besonders stark ausgeprägt. Dort gibt es mit dem Wattenmeer eine große Landfläche, die regelmäßig trockenfällt. Der Grund für das Wechselspiel liegt in einem ziemlich komplexen Zusammenwirken verschiedener Himmelskörper. Die Gezeiten verschieben sich jeden Tag um ca. 30–90 Minuten nach hinten.

RICHTIG FLUCHEN

Den Fuß gestoßen? Einen schlechten Tag gehabt? In kaum einer Sprache lässt es sich so herrlich fluchen wie auf Plattdeutsch. Harte Flüche werden weichgeschliffen und klingen so niedlich, dass man sich gar nicht mehr richtig ärgert. Ein zwischen den Zähnen hervorgepresstes „Düvelsatanblixem" lindert nicht nur den Schmerz, sondern lässt sich universal für alle möglichen Lebenslagen einsetzen. „Düvel", „Satan" und „Blixem" sind übrigens drei verschiedene Bezeichnungen für den Teufel. Sie funktionieren als Fluch sowohl einzeln wie auch in beliebiger Kombination miteinander.

WILLKOMMEN IN DER MILCHBAR

Etwas frische Milch gefällig? Dann ab ins *Melkhus!* Dorthin begeben sich allerdings keinesfalls Kühe, Ziegen oder Schafe, um gemolken zu werden – auch wenn die hochdeutsche Über-setzung „Melkhaus" das suggeriert. Melkhäuser sind vielmehr so etwas wie die friesische Version einer Milchbar, in denen du auch Kaffee, Tee und Kuchen bekommst. Die *Melkhuskes* liegen meist direkt an einem der vielen ostfriesischen Radwege.

EINGEDEICHT

„Gott schuf das Meer, der Friese das Land", sagt man im Norden Deutschlands. Schon vor rund 1000 Jahren begann man damit, Deiche zu bauen, bereits um 1300 war die gesamte norddeutsche Küste eingedeicht. Doch immer wieder brachen die Deiche, verheerende Überschwemmungen waren die Folge. Das Meer eroberte sich das Land, der Mensch holte es sich immer wieder zurück: In manchen Gebieten Ostfrieslands, etwa in der alten Harlebucht, sind insgesamt mehr als zehn Deichlinien erkennbar.

FEHNKULTUR

Berumerfehn, Großefehn, Ihlowerfehn, Rhauderfehn … Wer durch Ostfriesland fährt, trifft immer wieder auf Orte, die auf „-fehn" enden. Mit Feen aus dem Märchen haben diese Namen allerdings nichts zu tun. Die Bezeic nung leitet sich vielmehr vom niederländischen Wort für Moor ab: *veen.* Fehnsiedlungen sind Orte, die die frühen Siedler ab dem 17. Jh. dem Moor abgerungen haben. Das war oft recht mühsam: Zunächst legten sie Kanäle an, um das Moor zu entwässern. Diese stellten nicht selten die einzige Verbindung zur Außenwelt dar. Im Moor wohnten die Arbeiter in winzigen Hütten, die oft zugleich zugig und verrußt waren. Die Siedler lebten sehr ärmlich. Nicht umsonst gibt es für die Moorkolonisation den Spruch: „Den Eersten sien Dod, den Tweeten sien Not, den Drütten sien Brot" („Dem Ersten der Tod, dem Zweiten die Not, dem Dritten das Brot").

GRODEN, HELLER & POLDER

Diese drei Bezeichnungen findet man häufig als Namensbestandteil von Landstrichen entlang der Küste des Wattenmeers. Polder oder Innengroden heißt eingedeichtes Grünland, aus dessen Boden durch Niederschläge das Salz herausgespült worden ist. Polderwiesen eignen sich gut als Viehweiden. Als Heller oder Außengroden bezeichnet man hingegen das nicht eingedeichte Grünland an der Wattküste, das größtenteils aus Salzwiesen besteht, die meist im Trockenen liegen, manchmal aber vom Meer überspült werden. Dort fühlen sich Pflanzen wie Queller und Salzschlickgras wohl, die mit ihren Wurzeln den Boden festigen und an denen sich feine Schwebstoffe absetzen. Auf den höheren, nur selten überfluteten Teilen gedeihen Strandnelke und Löffelkraut. Rund 2000 Tierarten, die oft von einer einzigen Pflanze abhängig sind, leben auf den Salzwiesen. Hier brüten zudem Säbelschnäbler, Küstenseeschwalben, Regenpfeifer und Uferschnepfen.

Das Flüsschen Fehntjer Tief entwässert das Moor bei Großefehn

Hahn oder Schwan? Das ist bei so manchem Kirchturm die Frage

HAHN ODER SCHWAN

Auf ostfriesischen Kirchtürmen dreht sich nicht immer der allseits bekannte Hahn im Wind, sondern stattdessen manchmal auch ein Schwan. Der einfache Grund: Der Hahn ist das Zeichen für eine reformierte Kirche, der Schwan für eine lutherische. Die Lutheraner haben in Ostfriesland etwa 245 000 Anhänger, Reformierte gibt es rund 70 000.

WEITE SICHT

Vormittags schon sehen, wer mittags zu Besuch kommt? In Ostfriesland kannst du oftmals bis zum Horizont schauen, wenn nicht gerade ein Dorf dazwischen liegt. Weite Teile der Landschaft werden von einem Geestrücken eingenommen, der in Ostfriesland ziemlich abgeflacht ist. Die Geest wurde durch Gletscher in der Eiszeit aufgeschüttet. In Richtung Nordsee beginnt die Marsch. Sie ist teils fast 20 km breit und entstand vor rund 7000 Jahren. Durch den Kontakt mit der Nordsee starben Moorpflanzen am Geestrand ab. Darüber lagerten sich Sand und Sediment aus dem Meer an. Auf diesem sehr salzhaltigen Boden siedelten sich Pflanzen an, die Salz vertrugen. Auf diese Weise entstand im Lauf der Jahrtausende neues Land. Kennzeichen der Marsch ist ihre flache, brettartige Gestalt.

KNOCHENBRECHER

Da wollte man sich gerade noch den Matsch vom Fuß kratzen – und komm einfach nicht mehr dran. Der Rücken ziept ... Bevor man den Urlaub nur mit schlammigen Füßen verbring geht man besser gleich zum Knochen brecher. Was brachial klingt, tut richti gut. Die Heilkundigen, die sich *Kn* *kenbreker* nennen, spüren Muskelve spannungen und gereizte Nerven au Oft wird das Talent seit Jahrhunderten in der Familie vererbt – das behaupten jedenfalls die Knochenbrecher. Mi ihren erstaunlich kräftigen Hände berühren sie den Körper so zart, al würden sie ein Baby streicheln. Wä rend man sich noch fragt, ob das übe haupt etwas bringt, lassen die B schwerden oft bereits nach. Manch Knochenbrecher werben für ihr Künste im Internet, andere lernt ma eher zufällig kennen, bevor man fü eine Behandlung zu ihnen komme darf. Die findet dann nicht selten mitten in ihrer Küche statt. Legendär als Knochenbrecher war der inzwischen verstorbene „XXL-Ostfriese" Tamme Hanken, der vor allem Pferde behandelt hat.

WIMMELBILD

Oha, hier wimmelt es: Im Wattenmeer fühlen sich nicht nur Schnecken, Würmer, Muscheln und Garnelen wohl. Bis zu 4000 Tier- und Pflanzenarten haben sich auf das Watt als Lebensraum spezialisiert, darunter etliche Vogelarten. Zudem nutzen viele nordische Vögel das Wattenmeer im Herbst, um zu rasten. Dort strömt ihnen das Futter fast von selbst in den Schnabel und sie fressen sich richtig fett, bevor sie in den Süden weiterfliegen. Das Wattenmeer vor der niedersächsischen Nordseeküste ist als Nationalpark geschützt und die Unesco erklärte das Wattenmeer zum Welterbe. Dort gelten diverse Einschränkungen für Tourismus, Landwirtschaft und die Fischerei. Zahlreiche Nationalparkhäuser entlang der Küste und auf den Inseln informieren über das Gebiet.

EINZELGÄNGER MIT ZWEI SCHEREN

Mit seinen Stielaugen, seinem blauen bis dunkelbraunen Panzer und seinen Scheren, die bis zu einem Drittel seiner Körperlänge einnehmen können, ist der Europäische Hummer schon eine Erscheinung. Eine recht griesgrämige noch dazu: Hummer sind Einzelgänger. Konkurrenten, die in ihr Revier eindringen, fressen sie manchmal einfach auf. Nach dem Zweiten Weltkrieg brach die Population in der

KLISCHEE KISTE

VERWITZT NOCH MAL

Besonders clever ist das Völkchen am Deich ja nicht gerade, wenn man den Ostfriesenwitzen glaubt: Wie fängt man einen Ostfriesen? Beim Trinken: Man schlägt einfach den Klodeckel zu. Die meisten Ostfriesen nehmen solche Witze gelassen. Komiker Otto Waalkes, der selbst viele der Witze verbreitet hat, gilt nicht etwa als Nestbeschmutzer, sondern ist hier hoch angesehen. Manche Ostfriesen kokettieren auch mit der liebenswerten Schrulligkeit, die ihnen nachgesagt wird.

EIN TEE GEHT IMMER NOCH

Bevor es in Ostfriesland zur Sache geht, wird erst einmal getrunken. Kein Vertrag, ohne dass etwas fließen würde. Auf dem Tisch steht dabei aber nicht etwa Hochprozentiges, sondern feinstes Teegeschirr. Früher einmal war selbst gebrautes Bier das Hauptgetränk. Der Teegenuss kam erst im 18. Jh. auf – und weil Tee günstig war, drängte er das Bier immer weiter zurück. Der Obrigkeit war das gar nicht recht: Der Tee musste importiert werden, das Geld floss aus der Region ab. Friedrich II. versuchte deshalb, den Teekonsum zu drosseln. Doch Ostfriesen sind bekanntlich stur – und lieben ihren Tee bis heute. Und das so sehr, dass sie den höchsten Teeverbrauch weltweit verzeichnen.

Nordsee aus ungeklärter Ursache zusammen. Doch die Zahl der Hummer steigt dank der Zuchterfolge der Biologischen Anstalt Helgoland zuletzt wieder an. Hummer vom Speiseplan zu streichen hilft den Tieren in der Nordsee übrigens nur bedingt weiter: Die überwiegende Zahl der Tiere, die es in Deutschland zu essen gibt, stammen nicht aus der Nordsee, sondern sind Amerikanische Hummer von der Ostküste der USA.

ROTATIONSPRINZIP

In Ostfriesland recken zahlreiche Mühlen ihre Flügel in die Luft. Es gibt zwei Grundtypen: Bei der Bockwindmühle ist das ganze Mühlhaus drehbar, bei der Holländermühle nur die Kappe. Bei Erdholländern steht das Mühlenhaus zudem direkt auf dem Boden, bei Galerieholländern auf einem Unterbau, der – wie bei der Stiftsmühle in Aurich – bis zu fünf Stockwerke hoch sein kann.

ROBBE ODER SEEHUND?

In der Nordsee leben zwei von insgesamt 35 Robbenarten: der Seehund und die Kegelrobbe. Doch wie unterscheidet man die Tiere voneinander? Seehunde sind etwas kleiner als Kegelrobben und haben einen kugelförmigen Kopf. Die Schnauze einer Kegelrobbe ist dagegen eher lang gezogen. Seehunde haben oft dunkle Flecken auf hellem Fell, bei Kegelrobben ist es meist umgekehrt. Ein Trick bei der Bestimmung sind die Nasenlöcher: Sie bilden beim Seehund ein „V", während sie bei der Kegelrobbe parallel stehen. In der Nordsee sind Seehunde deutlich häufiger als Kegelrobben. Seehunde bringen ihren Nach

Einfach mal faul in der Sonne liegen: chillen auf der Seehundsbank

wuchs ab Mitte Juni zur Welt – mitten in der touristischen Hochsaison, wenn Ausflugsdampfer und Sportboote die Tiere am meisten stören. Kommen die Boote den Seehunden zu nahe, flüchten sie ins Wasser. Bei der Flucht versucht das Jungtier, der „Heuler", durch klagende Geräusche Kontakt zur Mutter zu halten. Größer und schwerer als Seehunde sind die wieder vermehrt im Wattenmeer heimischen Kegelrobben. Die größte Kolonie lebt auf der Düne von Helgoland.

LEBEN AUF DEM HÜGEL

Warf, Warft oder Wurt sind friesische Wörter für Erdaufschüttungen, die so groß sind, dass auf ihnen Kirchen, Bauernhöfe und ganze Dörfer stehen. Erste Wurten warfen die Menschen bereits in den Jahrhunderten nach der Zeitenwende auf; um 450 waren die meisten jedoch wegen des steigenden Meeresspiegels wieder verlassen. Eine erneute Besiedlung begann im frühen Mittelalter. Das schönste Warfendorf Ostfrieslands ist wohl das kreisrunde Rysum in der Krummhörn.

ER-TIPP
und, rund
rum, Rysum

BOSSELN

Kleine Landstraßen zwischen Weser und Ems sind nicht nur für Autofahrer da: Dort darf auch geboßelt werden. Dabei spielen zwei Mannschaften gegeneinander, die aus fünf bis 15 Spielern bestehen. Es geht darum, eine Holz- oder Gummikugel von etwa 0 cm Durchmesser aus vollem Lauf die Straße entlangzurollen. Sieger ist as Team, das nach einer festgelegten Zahl von Durchgängen die größte Strecke zurückgelegt hat. Meist dauert der Wettbewerb zwei, drei Stunden und führt über 5 bis 10 km. Zum Abschluss sitzt man im Winter oft beim Grünkohlessen zusammen. Beim Klootschießen, das meist auf gefrorenen Feldern gespielt wird, schleudern die Spieler eine bleigefüllte, schwere Holzkugel von einem mobilen Absprungbrett mit Anlauf durch die Luft.

WINDIGE SACHE

Zahlreiche Windräder an der Küste sorgen umweltfreundlich für Strom, stellen aber auch eine optische, stellenweise zudem eine akustische Umweltbelastung dar. Der Trend geht daher zu weit vor der Küste gelegenen Windparks im offenen Meer. Die Industrie träumt von mehr als 50 000 gigantischen Windrädern vor deutschen Küsten, die Politiker erwarten sich davon viele neue Arbeitsplätze in den Hafenstädten. Wer mehr darüber wissen will, findet auf *offshore-windenergie.net* Informationen.

SIELE, TIEFS & SCHÖPFWERKE

Tiefs nennen die Ostfriesen Wasserläufe in der Marsch, durch die diese entwässert wird. Siele sind Entwässerungsschleusen. Ihre meerseitigen Tore schließen sich bei auflaufendem Wasser selbsttätig und öffnen sich ebenso automatisch durch den Wasserdruck bei ablaufendem Wasser. Weil die Siele allein aber für die Entwässerung der Marsch nicht ausreichen, wurden im 20. Jh. zahlreiche elektrisch betriebene Schöpfwerke gebaut, die bis zu 50 m³ Wasser pro Sekunde pumpen.

ESSEN SHOPPEN SPORT

Ganz oben auf der Mitbringselliste: Tee, Teekannen, Teebecher, Teetassen …

Probieren &

ESSEN & TRINKEN

Der Speisezettel zwischen Ems und Elbe war jahrhundertelang (und ist es sogar noch heute) stark von dem geprägt, was die Fischer aus dem Meer holten, sowie dem, was Marsch und Moor an landwirtschaftlichen Produkten lieferten. Die auf den Marschwiesen weidenden Kühe schenkten den Küstenbewohnern Milch, Käse und Fleisch, darüber hinaus fand man auf fast jedem Bauernhof Hühner und Schweine. Dem Moor dagegen war nicht viel Essbares abzuringen: Buchweizen – keine Getreidesorte, sondern ein Knöterichgewächs – wurde zu Mehl und Grütze verarbeitet.

HALTBARES – AUCH OHNE KÜHLSCHRANK

Kühlschränke gab es noch nicht. Deshalb zeichnete sich die traditionelle Küche vor allem durch die Verwendung von Hülsenfrüchten und getrockneten Bohnen, von Speck und Pökelfleisch aus. Insgesamt ist die ostfriesische Küche deftig, oft reich an Fleisch und Kalorien, wobei moderne Restaurants traditionelle Gerichte oft kreativ neu interpretieren.

KRABBEN FRISCH VOM KUTTER

Fisch kann auf ganz unterschiedliche Arten zubereitet werden. Manchmal wird er mit einer Specksauce serviert – diese Variante nennt man Finkenwerder Art. Und auch Räucherfisch ist ein großer Genuss, vor allem dann, wenn du ihn frisch gleich in einer der vielen Räuchereien mit Imbissbetrieb verzehrst. Eine typische Spezialität sind die kleinen Garnelen, die von den Binnenländern als Krabben, von den Friesen jedoch als Granat bezeichnet werden. Sie sind zwar nicht gerade billig, aber extrem lecker – besonders, wenn du sie frisch gekocht (erst dabei erhalten die braungrauen Krustentiere ihre blassrosa Farbe) und ungepult direkt

Du trinkst Tee ungesüßt? Probier ihn wenigstens einmal mit Kluntjes: Es knistert so schön! (re.)

vom Kutter kaufst. Miesmuscheln stammen meistens von Muschelbänken im niedersächsischen oder holländischen Wattenmeer. Sie schmecken so gut und sind so begehrt, dass sie mittlerweile auf der Roten Liste der gefährdeten Tierarten als stark gefährdet aufgeführt werden. Aus diesem Grund rät der WWF von ihrem Genuss ebenso ab wie vom Verzehr gefährdeter Fischarten wie Rotbarsch, Schillerlocken und Scholle sowie von Haisteaks.

AAL BRAUCHT SCHNAPS

Das gilt erst recht für den Aal, der trotz dieser Bedenken immer noch sehr beliebt ist. Am bekanntesten ist wohl der Zwischenahner Räucheraal. Er wird auf eine besondere Art genossen: Man isst ihn aus der Hand und spült anschließend oder auch einmal zwischendurch Hände und Kehle mit einem Schluck Schnaps. Eine andere Fischspezialität, die man auch im übrigen Deutschland kennt, ist der Matjeshering. Er wird zum Reifen in eine Salzlake eingelegt und schmeckt in der Zeit zwischen Ende Mai und Ende Juli am besten. Klassisch norddeutsch sind hingegen der an der Salzluft getrocknete Norderneyer Schinken sowie das Deich- oder Salzwiesenlamm. Auch Ziegen werden verstärkt gehalten. Sie dienen vor allem kleinen Käsereien als Milchlieferanten.

TORTEN HABEN ES IN SICH

Naschkatzen werden auch mit dem Tortenangebot in der Region mehr als zufrieden sein. Typisch ist, wie schon der Name verrät, die Ostfriesentorte: Mit viel Sahne, lockerem Biskuit und Branntweinrosinen hat sie es ordentlich in sich. Neben der Ostfriesentorte ist ein eigentlich von den Ostfriesischen Inseln stam-

INSIDER-TIPP
Genuss mit Schuss

mendes Rezept eine Sünde wert: die Sanddorntorte. Lecker schmecken auch Jever Echte Leidenschaften – süße Brezeln aus Blätterteig. Typisch ostfriesisch sind darüber hinaus vitaminreiche Sanddornmarmelade und Wacholdergelee auf dem Frühstückstisch. Ein preiswertes Zwischen- oder Hauptgericht sind Milchreise und Gerichte auf Basis von Buttermilch, zu denen oftmals Beeren oder andere Früchte serviert werden. Aus Beeren wird auch eine ganz typische Nachspeise zubereitet: die rote Grütze, die mit flüssiger Sahne oder Vanillesauce am besten schmeckt. Besonders lecker ist sie natürlich, wenn sie im Sommer aus frischen Früchten zubereitet wird.

NATIONALGETRÄNK TEE

In Cafés und Teestuben der Region steht auf der Getränkekarte natürlich das ostfriesische Nationalgetränk zumeist ganz oben: der Tee. Bis zu 300 l trinkt jeder Ostfriese im Jahr. Dabei dominieren kräftige Assam-Mischungen. In die Tasse kommt zunächst der Kandiszucker – Kluntje genannt –, der knistert, wenn der heiße Tee eingegossen wird. Dann hebt man flüssige Sahne mit einem Löffel hinein, rührt aber nicht um: Sie soll wie eine Wolke im Tee zerfließen! Der höfliche Gast nimmt übrigens mindestens drei Tassen, bevor er wieder aufsteht. Doch auch Bier wird in mehreren Städten der Region gebraut; am bekanntesten sind sicherlich die herben Pilssorten in den grünen Flaschen aus Bremen und Jever, doch in vielen Orten haben sich inzwischen kleine Brauereien angesiedelt.

HOCHPROZENTIGES, DAS WÄRMT

Das raue Nordseeklima hat den Küstenbewohnern schon immer einen guten Grund geliefert, einem Gläschen Hochprozentigem zuzusprechen. Neben klarem Weizenkorn bevorzugen die Ostfriesen vor allem Kümmel- und Anisschnäpse. Eine Besonderheit ist der Friesengeist, den man gern nach einem kräftigen Essen bestellt. Er wird brennend und mit einem Friesenspruch aus dem Mund des Kellners serviert. Vor allem im ostfriesischen Kernland setzen viele Wirte ihre eigene Bohntjesopp an. Dabei handelt es sich aber keineswegs um eine Bohnensuppe, sondern um Rum oder anderen Branntwein mit Rosinen und Kandiszucker. Mit einer echten Bohnensuppe hat sie allerdings gemein, dass man sie nicht trinkt, sondern löffelt. Gut schmeckt sie auch als Nachtisch, wenn sie über Vanilleeis gegossen wird. Sehr beliebt sind auch alkoholische Heißgetränke wie der Pharisäer, Kaffee mit Rum, oder Eiergrog: Rumgrog mit einem geschlagenen Eigelb.

IM RESTAURANT

Restaurants gibt es zwischen Ems und Elbe in großer Zahl. Das Preisniveau sinkt im Allgemeinen, je weiter du dich von der Küste entfernst. Die meisten Gaststätten gönnen sich außerhalb der Sommerferien einen oder zwei Ruhetage pro Woche. Zudem sind die Essenszeiten häufig eng begrenzt: In der Regel setzt man sich mittags zwischen 12 und 14 sowie abends zwischen 18 und 21 Uhr an den Restauranttisch.

Unsere Empfehlung heute

Vorspeisen

OSTFRIESISCHE KARTOFFELSUPPE
Serviert mit Speck und Granat

BUTTERMILCHSUPPE
Schwarzbrot mit Rosinen, in Buttermilch gekocht

BUCHWEIZENSUPPE
Feiner Buchweizenschrot, in Milch gekocht

MATJESSALAT
Angerichtet mit Ei, Zwiebeln und Gewürzgurken

Hauptgerichte

BUCHWEIZENPFANNKUCHEN
Herzhafte Pfannkuchen mit Speck

SPECKENDICKEN
Pfannkuchen aus Weizen- und Roggenmehl mit Schinkenspeck und Mettwurst

LABSKAUS
Pökelfleisch mit Kartoffelpüree, Matjes, Gewürzgurke, Roter Bete und Spiegelei

KOHL UND PINKEL
Grünkohl, gekocht mit Schmalz, Zwiebeln, Kasslerfleisch, Speck und Pinkel (grobe, geräucherte Grützwurst mit verschiedenen Gewürzen)

KNIPP
Fleischgrütze, gewürzt mit Zwiebeln und Kräutern, Piment und Pfeffer

SNIRTJEBRATEN
Mit Pfeffer und Piment eingeriebener Schweinenacken, mit Zwiebeln angebraten und lange in Wasser geköchelt

MEHLPÜTT
Hefekloß mit Zuckererbsen

DRÖGE BOHNEN
Getrocknete Bohnen mit Speck, Mettwurst und Kartoffeln

PANNSTIPP
Pellkartoffeln mit einem Dip aus Speck und angebräunten Zwiebeln

KOTELETTS VOM OSTFRIESISCHEN DEICHLAMM
Mit feinen Kräutern gewürzt

Nachspeisen

ROTE GRÜTZE
Angerichtet mit flüssiger Sahne

BUTTERMILCHSPEISE
Angedickte Buttermilch mit Zitrone und Honig

EIS MIT BOHNTJESOPP
Eis mit in Rum eingelegten Rosinen

SHOPPEN & STÖBERN

DAS „GOLD DES MEERES"

Bernstein kommt nicht nur an der Ostsee vor, sondern ist – wenngleich weitaus seltener – auch an der Nordsee zu finden. Während und nach anhaltenden Ostwinden entdeckt man ihn vielleicht sogar selbst im dunklen Streifen am Spülsaum der Brandung. Mehr Erfolg versprechen allerdings die Schmuckgeschäfte. Viel Auswahl und jede Menge Expertenwissen bietet das Spezialgeschäft mit angeschlossenem Bernsteinmuseum in Esens: *Bernstein-Huus (bernstein-huus.de).*

INSIDER-TIPP
Goldstein aus dem Wellensaum

FILIGRANARBEIT

Ein Klassiker: Buddelschiffe findest du in vielen Schaufenstern und in unterschiedlichsten Preislagen. Du kannst sie auch in Buddelschiffmuseen – in Neuharlingersiel oder Cuxhaven – erwerben. Dort besteht auch gleich die Möglichkeit zu lernen, wie die Schiffsmodelle in die Flasche gekommen sind.

FÜR SACHENSUCHER

Ostfriesland hat ein überraschend vielseitiges Angebot an Antiquitätengeschäften von teils beachtlicher Größe. Trödel ist ebenso zu haben wie Kostbares. Zwei Routen führen entlang von einem Dutzend Händlern durch Ostfriesland, Informationen dazu gibt es bei den Touristinformationen.

BLÄTTER, DIE DIE WELT BEDEUTEN

Wer einmal das Teetrinken in Ostfriesland zelebriert hat, wird auch zu Hause gern ab und zu die Teebeutel in ihrer Verpackung lassen und auf lose Teeblätter zurückgreifen. Für den wahren Genuss findest du in vielen Läden zwischen Elbe und Ems, was dazu nötig ist: die klassische ostfriesische Te

Wie kommt das Schiff in die Flasche? Filigrane Fummelarbeit! (li.)

mischung, die Kluntjes (also den Kandiszucker), den Sahnelöffel, das Stövchen zum Warmhalten und das feine ostfriesische Teeservice aus hauchdünnem Porzellan. Ein besonderer Genuss ist der mit Vanille aromatisierte, traditionelle Sonntagstee. Er heißt so, weil er früher wegen seines höheren Preises eben nur an Sonn- und Feiertagen aufgebrüht wurde.

SOUVENIRS FÜR DEN GAUMEN

Wer gern nascht, kann sich an Bonbons in Gestalt von Möweneiern oder an Muscheln aus Schokolade erfreuen. Auch aus Sanddorn wird viel Süßes bereitet: Bonbons und Konfitüren, Sirup und Likör. Wattwürmer schmecken dann lecker, wenn man sie beim Schlachter in Form geräucherter, dünner Mettwürste kauft. Allerlei vom Deichlamm und Käsesorten erstehst du – am besten am letzten Urlaubstag direkt beim Bauern. Ungeschälter Granat und frisch geräucherter Fisch, kurz vor der Heimfahrt gekauft, erleichtern die Rückfahrt.

FLÜSSIGE SPEZIALITÄTEN

Ans friesische Bier erinnern die vielfältigen Artikel aus der Jever-Brauerei. Mehr Prozente haben die zahllosen Liköre und Schnäpse, die unter phantasievollen Namen wie Watt'n Geist (Weizenkorn), Moorfeuer (Halbbitterlikör) oder Friesengeist (Kräuterlikör) angeboten werden. Und besonders gut zum Ostfriesentee passt der ostfriesische Teelikör.

TEXTILES

Die originelle, fast schon in Vergessenheit geratene Technik des Blaudrucks wurde in Käser wiederbelebt. Handgewebte Textilien vom Kleid bis zur Decke erhältst du in Dorum. Piratenflaggen für die Kleinen hat fast jedes Souvenirgeschäft parat.

SPORT

Die Nordseeküste ist besonders attraktiv für Rad- und Wattwanderer: Die Gezeiten verhindern mit ihrem beständigen Kommen und Gehen, dass sich Wassersportler an der Nordseeküste so entfalten können wie etwa am Mittelmeer. Ausgleich dafür schaffen die zahlreichen Möglichkeiten zu sportlicher Betätigung im Binnenland und die vielfältigen Sport- und Freizeitangebote der Kurverwaltungen.

SEGELN

Fünf- bis zehntägige Segelkurse haben die *Segelschule Nordsee (An der Jaderennbahn | Tel. 0171 2 17 82 74 | nordsee-segelschule.de)* in Hocksiel sowie die *Segelschule Harlesail (Friedrichsschleuse 27 | Tel. 04464 94 58 64 | harlesail.de)* in Harlesiel im Programm. Letztere bietet auch dreistündige Törns mit Skipper *(44 Euro pro Person)* an. Wochenendkurse für Inhaber von Sportbootführerscheinen ohne Wattenmeererfahrung können ebenfalls bei der Segelschule Nordsee gebucht werden.

WIND- & KITESURFEN & SUP

Zum Surfen ist das Wattenmeer wegen der starken Gezeitenströmungen nur bedingt geeignet. Gute Bedingungen für Anfängerkurse im Windsurfen bietet das Hooksieler Tief; Könner und Kitesurfer gehen auf die Hooksieler Bucht hinaus *(Surf In | Parkplatz FKK-Strand | Tel. 0163 8 46 00 40 | surf-in-hooksiel.de).*

INSIDER-TIPP
Weit mit de[m] Kite

Kitesurfen gelingt entspannt und in fabelhafter Kulisse in Cuxhaven. Dort werden auch Kurse angeboten und Materialien verliehen *(Tel. 0171 8 35 65 83 | kitesurfschule-cuxhaven.de).* In Ostfriesland kann man mit *Windloop (Edo-Ezards-Str. 1 | Tel. 0151 70 16 69 66 | windloop.de*

Alltagsvehikel, Transportmittel und natürlich Sportgerät: Bei Fahrrädern ist die Bandbreite groß

in Neuharlingersiel kiten. Die *Surfschule Norddeich (Badestr. | Tel. 0170 9 60 94 46 | surfschule-norddeich.de)* hat Wind- und Kitesurfen sowie Landboarden im Programm. Wenn einmal kein Wind weht, bietet sich Stand-up-Paddling an, z.B. bei *Windloop (Tel. 0151 70 13 34 45 | windloop.de)* in Schillig. In Strandnähe ist das Wasser an vielen Orten aber auch bei Wind relativ ruhig.

KANU- & KAJAKFAHREN

Kanus und Kajaks für Ein- und Mehrtagestouren mit vielen Stationen in ganz Ostfriesland bietet die *Touristik GmbH Südliches Ostfriesland (Leer | Ledastr. 10 | Tel. 0491 91 96 96 30 | paddel-und-pedal.de).* Auch kombinierte Touren mit Booten und Rädern sind möglich. Für Fortgeschrittene gibt es in Fedderwardersiel Kurse für Seekajakfahrer in Tidengewässern *(Tel. 0388826 8 68 43 | nanuk.de).*

RADFAHREN

Zwischen Elbe und Ems gibt es eine Vielzahl gut markierter Radwanderrouten und viele Radwege. In fast jedem Ferienort können Fahrräder ab ca. 7 Euro pro Tag bzw. 35 Euro pro Woche gemietet werden. Die längste aller Radwanderrouten ist der Europäische Küstenwanderweg rund um die Nordsee. 907 km der Strecke liegen in Deutschland; Infos dazu auf *wanderverband-norddeutschland.de.* Durch Ostfriesland führen die 290 km lange Friesenroute und die 250 km umfassende Friesische Mühlentour. Beschrieben werden sie und eine Reihe von Tagestouren in der Broschüre „Radurlaub", die kostenlos bei *Ostfriesland Tourismus GmbH (Tel. 0491 91 96 96 60 | ostfriesland.de)* erhältlich ist.

REITEN

Reiterhöfe und Reitställe gibt es in großer Zahl. Die Adressen findest du am besten im Internet oder auch in den jeweiligen Ortsprospekten. Gute Auskünfte für alle Reiter, auch solche mit eigenem Pferd, gibt es unter *bett undbox.de*. Pauschalangebote sowie Kurse auch in Dressur, Zwei- und Vierspännerfahren nahe der Nordseeküste bietet *Pegasus Reiterreisen (reiter reisen.com/pegasus)* an.

NORDIC WALKING

Besonders gut auf Nordic Walker eingestellt ist das Wangerland: Dort gibt es zwei *Nordsee-Nordic-Fitness-Sport-Parks* mit einem ausgedehnten Rundwegenetz verschiedener Schwierigkeitsstufen. 14 insgesamt mehr als 100 km lange Strecken sind ausgewiesen, Trainer stehen bereit. Auskunft in Hooksiel: *Hohe Weg 1 | Tel. 04425 9 58 00 | wangerland.de*

INLINESKATING & SKATEBOARDFAHREN

Die größte Indoor-Skatehalle Deutschlands steht in Aurich: *Playground Skatehalle (tgl. 12–20, im Winter Sa/So ab 10 und Fr bis 22 Uhr | Tageskarte 7,50 Euro, Ausrüstung ausleihbar, Abendticket 4 Euro | Finkenburgweg 9 | Tel. 04941 6 07 77 0 | skate halle-aurich.de).*

LAUFEN

Im Jahr finden zwischen Weser und Ems über 150 Laufveranstaltungen statt. Einen Überblick vermittelt *lg-ost friesland.de*. Höhepunkte im Jahr sind der EWE-Nordseelauf mit acht auch einzeln zu absolvierenden Läufen *(nordseelauf.de)* sowie der *Ossiloop (ossiloop.eu)*, bei dem die Teilnehmer sich von Leer bis nach Bensersiel ans

Schmaddert, gluckst und quatscht zwischen den Zehen: Wattwandern ist ein großer Spaß

Meer auf den Weg machen. Spaßig und anstrengend ist der *Vull-Wat-Manns-Loop (vull-wat-manns-loop.de)*: Bei dem Crosslauf rund um eine Kiesgrube gilt es, etliche Hindernisse zu bewältigen, darunter morastige Becken, einen Sandberg und einen Tunnel – und überall lauern Wasser und Schlamm. Wer dabei sauber ins Ziel gelangt, hat definitiv etwas falsch gemacht.

WATTWANDERUNGEN

Wattwanderungen mit lizenzierten Führern werden in den meisten Küstenorten angeboten. Besonders erlebnisreich sind die Wanderungen von Cuxhaven-Duhnen aus zur Insel Neuwerk, von Harlesiel zur Insel Spiekeroog, von Neßmersiel zur Insel Baltrum, von Norddeich zur Insel Norderney und von Bensersiel zur Insel Langeoog. Auskunft über die Ausflüge zu den Ostfriesischen Inseln geben die Wattführer *Martin Rieken (Tel. 04942 204160 | wirsindwatt.de)* sowie *Eiltraut und Ulrich Kunth (Tel. 04933 1027 | wattwanderung-kunth.de).*

ANGELN

Wer eine Sportfischerprüfung nachweisen kann, darf an den zahlreichen Binnengewässern angeln gehen. Angelscheine geben die Kurverwaltungen oder Gewässerpächter aus. Das Angeln in der Nordsee ist dagegen jedermann gestattet. Wer in der Brandung angeln möchte, wählt am besten eine spezielle Rute, die mit schweren Bleien versehen ist, weit fliegt und sich im sandigen Boden verhakt. Damit kannst du z.B. Schollen, Klieschen oder Flundern angeln. Eine andere Möglichkeit ist das Hochseeangeln, bei dem du mit einem Kutter aufs offene Meer hinausfährst. Das kann bei starkem Wind auf so einem kleinen Schiff ein ziemliches Erlebnis werden. Dort kannst du Dorsch und Makrele und manchmal auch Hering angeln. Von Neuharlingersiel aus geht das mit dem Kutter *Gorch Fock (Tel. 04974 279 | fischkutter-gorchfock.de)*, von Dornumersiel aus mit der *MS Freia (Anmeldung zwischen 17.30 und 18 Uhr unter Tel. 04975 8041 | ms-freia.de).* Da die Fanggebiete in der Regel jenseits der Ostfriesischen Inseln liegen, solltest du für diese Touren ausreichend Zeit einplanen, etwa fünf bis acht Stunden.

GOLF

Abschläge und Putten an der frischen Nordseeluft, zwischen Düne, Moor und Marsch: In Küstennähe gibt es mehrere gute Golfplätze, die auch Gäste aufnehmen. Der jüngste und modernste in der Region ist der von Schloss Lütetsburg bei Norden-Norddeich mit zwei Neun-Loch-Plätzen und großer Driving Range: *Golfclub Schloss Lütetsburg (Landstr. 36 | Tel. 04931 9300431 | golfclub-luetetsburg.de).* Weitere gute Plätze sind u.a. *Golfclub Wilhelmshaven (Fedderwarden | Autobahnausfahrt 4 der A29 | Tel. 04423 985918 | golfclub-wilhelmshaven.de)* und *Golfclub Hohe Klint (Cuxhaven-Oxstedt | Tel. 04723 2737 | golf-cuxhaven.de).* Wer es spaßiger mag, kann sich in Wiesmoor beim *Erlebnisgolf (Dahlienstr. 36 | Tel. 04944 91980 | erlebnisgolf-ostfriesland.de)* versuchen.

DIE REGIONEN IM ÜBERBLICK

Bucht
Eider
Nord-Ostsee-K.
Cuxhaven
Elbe
ZWISCHEN WESER UND ELBE S. 92
Oste
Weser
Jade
Wilhelmshaven
Bremerhaven
Schiffe schauen und zwischendrin tief durchatmen
FRIESLAND, JADEBUSEN, BUTJADINGEN S. 74
Hamme
Oste
Hunte
Weser
Wümme
Hunte
Weser
20 km
12.43 mi

OSTFRIESLAND

ENTSPANNTE SCHÖNHEIT MIT VIEL WEITE

Ob im Hafenort oder auf einer Windmühle, zwischen den Dünen oder auf dem Deich – in Ostfriesland begegnest du Wind und Meer. Mit „Moin" grüßt man sich hier auch noch am Abend, denn es hat nichts mit „Morgen" zu tun. Gemeint ist so viel wie „Hallo", auch wenn das Wort ursprünglich „schön" bedeutete.

Es ist natürlich Plattdeutsch, wobei „platt" wiederum das niederdeutsche Wort für flach ist. Und flach ist Ostfriesland wahrhaftig - den Blick kannst du hier ungehindert zum Horizont schweifen lassen

Großes Küstenkino: Sonnenuntergang bei Harlesiel

Dadurch wird auch der Himmel weiter, der mit seinem Wolkenspiel ein wesentlicher Bestandteil der ostfriesischen Landschaft ist.
Dass Ostfriesland sich nicht vom Dollart bis an den Jadebusen erstreckt, sondern sich die Halbinsel zwischen Ems- und Jademündung mit Friesland teilen muss, hat historische Gründe. Zu Ostfriesland jedenfalls gehören auch die sieben Ostfriesischen Inseln, die in diesem Band nur als Ausflugsziele geschildert werden. Ganz ausführlich informiert der MARCO POLO Band „Ostfriesische Inseln".

OSTFRIESLAND

MARCO POLO HIGHLIGHTS

★ **MOORMUSEUM MOORDORF**
Ein einzigartiges Museum zur Armut ➤ S. 49

★ **SPIEKEROOG**
Auf der traditionsbewussten Nordseeinsel sind selbst Fahrräder nicht gern gesehen ➤ S. 73

★ **SEEHUNDSTATION NATIONALPARK-HAUS NORDDEICH**
Heuler aus nächster Nähe, bevor sie wieder in die Nordsee ausgewildert werden ➤ S. 60

★ **EEZ AURICH**
Rund ums Thema Energie jede Menge selbst ausprobieren und zum Forscher werden ➤ S. 48

★ **KUNSTHALLE IN EMDEN**
Meisterwerke des 20. Jhs., gesammelt von Henri Nannen ➤ S. 53

★ **GREETSIEL**
Nordseeromantik: Ostfrieslands schönster Sielhafen liegt in der Krummhörn ➤ S. 56

★ **OSTFRIESISCHES TEEMUSEUM IN NORDEN**
Wissenswertes rund um das ostfriesische Nationalgetränk ➤ S. 59

★ **SCHLOSSPARK LÜTETSBURG**
Im schönsten Park Ostfrieslands in aller Ruhe spazieren gehen ➤ S. 61

★ **MUSEUMSSCHIFFE IN EMDEN**
Ein Heringslogger, ein Feuerschiff und Rettungskreuzer: spannende Zeugen der maritimen Vergangenheit der Stadt ➤ S. 51

★ **OSTFRIESISCHES LANDESMUSEUM IN EMDEN**
Interessante Einblicke und ein phantastischer Blick vom Rathausturm ➤ S. 52

NORDSEE
21 Wangerooge
23 Spiekeroog
18 Langeoog
Baltrum
Neuharlingersiel 22
Carolinensiel S. 69
Schillig
Jade
17 Haustierpark Werdum
Dornum S. 62
Esens S. 65
27 km, 30 Min.
19 Skulpturengarten Funnix
Hooksiel
45 km, 50 Min.
461
Warnsath
Terheide
Jever
20 Wittmund
210
Ogenbargen
3 Ewiges Meer
5 Erlebnishof Strohabenteuer
Schortens
Wilhelmshaven
Jade-busen
EEZ Aurich
Moormuseum Moordorf
Reepsholt
Aurich S. 47
Ems-Jade-Kanal
Wiesede
Altgödens
436
29
6 Wiesmoor
60 km, 1 Std.
Mittegroßefehn
Varel
72
Timmel
Strackholt
Ockenhausen
Collstede
Tarbarg
NIEDERSACHSEN
Spohle
Hesel
Uplengen
Nüttermoor
Westerstede
Wiefelstede
Filsum
28
Leer S. 44
Apen
Ocholt
Zwischenahner Meer
Potshausen
Neuenkruge
Folmhusen
Barßel
Godensholt
Bad Zwischenahn
72
Westrhauderfehn
Edewecht
Elisabethfehn
Ramsloh
Klein Scharrel
Burlage
Kampe
Oberlethe
1 Befis Naturgarten
Sedelsberg
DEUTSCHLAND
Friesoythe
Esterwegen
Börgermoor
Nikolausdorf
Neuvrees
Mittelsten Thüle
10 km
6.22 mi
Börger
Lorup

LEER

(🕮 E8) **Die Hafenstadt, die sich als Tor Ostfrieslands bezeichnet, liegt am Zusammenfluss von Leda und Ems. Ihre Altstadt zählt zu den schönsten in Niedersachsen.**

Auffällig ist das Angebot an originellen Geschäften, Cafés und Restaurants. Viele historische Bürgerhäuser sind gut erhalten, zudem stehen in Leer (34 000 Ew.) vier Burgen und Kirchen aus verschiedenen Jahrhunderten.

SIGHTSEEING

ALTSTADT

Den besten Eindruck von Leer bekommst du bei einem Gang durch die Altstadt. Wenn du vor der *Waage (Neue Str. 1)* stehst, fühlst du dich, als wärest du in die Vergangenheit katapultiert worden. In dem Gebäude aus dem Jahr 1714 wurden, keine Überraschung bei dem Namen, früher Waren gewogen. Gegenüber wartet das historische *Rathaus (Rathausstr.)*, dessen Flure öffentlich zugänglich sind. Dort erheben sich in den Deckenmalereien phantastische Flügelwesen, deren Aufgabe es ist, die Stadt zu beschützen.

Nur wenige Schritte weiter reiht sich mit dem *Haus Samson (Rathausstr. 18)* eins der schönsten Bürgerhäuser in die Altstadt ein. Unten im Haus ist eine lohnende Weinhandlung, oben ein privates *Museum zur ostfriesischen Wohnkultur (Mo–Fr 9–18 Uhr | 2 Euro | wein-wolff.de)*. Dessen Besuch lohnt sich vor allem wegen der intimen Atmosphäre: Oft streift man alleine durch die Sammlung, die wirkt, als seien die Bewohner nur kurz ausgegangen und kehrten gleich zurück.

Ganz Ostfriesland im Maßstab 1:87: Das Leeraner Miniaturland sorgt für Übersicht

EVENBURG

In Leer triffst du überall auf Wasser – und mittendrin steht sogar ein Schloss. Durch den ausladenden Park, in dem immer wieder die cremefarbene Fassade des Gebäudes aufblitzt, kann man herrlich spazieren. Im Frühling, wenn Krokusse und Osterglocken blühen, ist es dort besonders idyllisch. Nimm dir ruhig anderthalb Stunden Zeit; wer auch das Schloss besichtigt, sollte eine Stunde mehr einplanen. *Schloss Di–So 11–17 Uhr, Park frei zugänglich | Schloss 5 Euro, Park frei | Am Schlosspark 25 | evenburg.landkreis-leer.de*

ER-TIPP
rch die Blu-
e gesehen

MINIATURLAND

Hier kannst du Ostfriesland anhand von Orten und Sehenswürdigkeiten entdecken, die im Maßstab 1:87 nachgebaut sind. Wer genau hinschaut, findet immer wieder auch skurrile Szenen aus dem Alltag. *Di–So 1–17 Uhr | 15 Euro, Kinder 8 Euro | Konrad-Zuse-Str. 1 | leeraner-miniaturland.de | 2 Std.*

MUSEUMSHAFEN

Im Museumshafen liegen etliche Traditionsschiffe in malerischer Kulisse, darunter mit dem „Keerlke" der kleinste funktionsfähige Schlepper Europas. *Neue Str. | schipperklottje.de*

TEEMUSEUM

Ohne Tee geht es für die Ostfriesen nicht. Wirklich nicht. Nie. Also: Lern den Tee kennen. Hier erfährst du, woher er kommt und was passiert, bis die Teeblätter in deiner Tasse landen. Lass dich auf eine Tasse ostfriesischen Tee mit Kluntje und Sahnewölkchen einladen, bevor du weiterziehst. *Di–Sa, April–Dez. auch Mo 10–18, April–Okt auch So 14–17 Uhr | 3 Euro | Brunnenstr. 33 | buenting-teemuseum.de*

ESSEN & TRINKEN

KAFFEERÖSTEREI BAUM

Andreas Baum röstet selbst, reist auf der Suche nach feinem Geschmack schon mal um die Welt und schenkt den leckersten Kaffee der Stadt aus. Seine Röstungen vertreiben nicht nur Müdigkeit, sondern schmecken vor allem unvergesslich gut. Hier wird Kaffee geliebt – und so schmeckt er auch. Aber pst: Wer möchte, bekommt auch einen Tee. *Di–Fr 10–18, Sa 10–17 Uhr | Neue Str. 5 | kaffeeroestereibaum.de*

INSIDER-TIPP
Und es gibt ihn doch: Ostfriesenkaffee!

RESTAURANT ZUR WAAGE

Wunderbar stärken kannst du dich im ältesten erhaltenen Bürgerhaus der Stadt am Museumshafen. Auf den Teller kommen ostfriesische Gerichte, die originell verfeinert sind. Die Karte ist klein und exquisit. *Di geschl. | Neue Str. 1 | Tel. 0491 6 22 44 | restaurant-zur-waage.de | €€€*

SHOPPEN

Niedliche und originelle Geschäfte liegen in der Altstadt. Dazu gehören z. B. eine *Töpferei (Rathausstr.)* und viele weitere Läden, die handgefertigte ostfriesische Spezialitäten anbieten.

SPORT & SPASS

Viele Vermieter stellen ihren Gästen Leihräder zur Verfügung. Du kannst sie aber auch an einer *Paddel- und Pedalstation (Fahrrad 7 Euro/Tag, E-Bike ab 12 Euro/½ Tag | Ledastr. 10 | Tel. 0491 91969630 | paddelundpedal.de)* leihen. Wer ein paar Bahnen ziehen möchte, gelangt im *Plytje (Mo 6–8, Di–Fr 6–8 und 14–21, Sa/So 10–21 Uhr | 3,80 Euro/2 Std. | Burfehner Weg 34a | plytje.com)* ins Wasser. Im Sommer lassen sich die Faltwände an der Südseite des Hallenbads komplett öffnen.

AUSGEHEN & FEIERN

Viele Cafés und Kneipen konzentrieren sich rund um den *Denkmalplatz*. Wer härtere Klänge mag, steuert die Kellerkneipe *Szenerie (Mühlenstr. 43 | Facebook)* an. Beliebt ist außerdem die *Hafenbar (Am Nesseufer 22 | hafenbar-leer.de)*, die ausgezeichnete Cocktails serviert.

RUND UM LEER

1 BEFIS NATURGARTEN IN BURLAGE

25 km südlich von Leer/30 Min. über die B 70, B 438 und die Schwarzmoorstr.

Wie lebt eigentlich ein Eisvogel? Was brauchen Schmetterlinge und Bienen, um sich richtig wohlzufühlen? Das zeigt dieser große Garten auf einem Naturlehrpfad und in verschiedenen Schaukästen, die über Vögel, Insekten und andere Gartenbewohner infor mieren. Kinder dürfen viel selbst ausprobieren – das Motto des Gartens ist „Entdecker gesucht". So erlaubt eine „Piep-Show" beispielsweise den Blick in Nistkästen. *Mai–Aug. tgl. 9–18 Uhr | Einritt frei, Spende erbeten | Befi-Weg 1 | befis-naturgarten.de* | 0

2 DITZUM

23 km nordwestlich von Leer/25 Min. über die A 31 und Jemgum

Wer aus Leer über die Ems in Richtung Niederlande fährt, gelangt am Emsdeich entlang ins malerische Ditzum, das noch ein echtes Fischerdorf ist. Rund um den Hafen, in dem einige Kutter liegen, haben sich Restaurants angesiedelt, die fangfrischen Fisch verkaufen.

INSIDER-TIPP
Fischer Fr… fischt hie… frisch

Ein Genuss sind die Fischbrötchen aus dem *Fischhaus (D… So 11–19.30 Uhr | Am Hafen 3 | Te… 04902 912091 | fischhaus-ditzum.de | €€)* mit Imbiss und Ladengeschä… Auch ein Besuch in der *Getreidemühle* im Ortskern lohnt sich. Dort verkaufen die Landfrauen am Wochenende selbst gemachte Produkte *(April–Ok… Fr–So 14–18 Uhr)*, darunter Körnerkissen und Lakritzschnaps.

2 km weiter gelangst du in *Dyksterhusen* auf eine Plattform, die einst als Fundament einer Bohrinsel diente. Keine Sorge, an die Förderung von Ga… erinnert nichts mehr – stattdessen findest du hier eine herrliche Badestelle mit Blick auf die Emsmündung. D…

AURICH

(E6–7) **Wer in Aurich (42 000 Ew.) bummeln möchte, findet eine Altstadt mit urigen Lädchen vor, die überwiegend noch nicht von großen Ketten verdrängt worden sind.** Ein Spaziergang durch die Stadt erinnert u.a. durch historische Straßennamen daran, dass die Grafen und Fürsten aus der Familie Cirksena von hier aus zwischen Mitte des 15. Jhs. und 1744 Ostfriesland regierten.

SIGHTSEEING

HISTORISCHES MUSEUM

Warum wurden eigentlich die Särge der Fürstenfamilie umgebettet? Und wie sah eine Apotheke zu Zeiten der Pest aus? Das kann man nicht nur hier im Museum erfahren, sondern auch live in der Innenstadt, die selbst zum Museum wird – wenn man mit dem Audioguide des Museums unterwegs ist. Der informiert an 24 Stationen über die Geschichte der Stadt vom Mittelalter bis zur Neuzeit. Das Museum selbst ist in einem alten Stadthaus untergebracht und illustriert anschaulich die Geschichte Aurichs. Es gibt auch eine eigene Route für Kinder. *Feb.–Nov. Di–So 11–17 Uhr | 3,50 Euro, Kinder 2 Euro | Burgstr. 25 | museum-aurich.de | inkl. Audiotour 2–3 Std.*

MIRACULUM MACHMITMUSEUM

Hier dürfen Kinder jede Menge selbst ausprobieren, durch die liebevoll gestaltete Ausstellung klettern und alles anfassen. Die Themen variieren jährlich, gleich bleibt immer, dass umfangreiche Erklärtexte fehlen und die Kinder sich das Wissen selbst aneignen können. *Di–Fr 13–17, Sa/So 11–17 Uhr | 4,50 Euro, Familienkarte 12 Euro | Burgstr. 25 | miraculum-aurich.de | 1½ Std.*

Mit ihren fast 40 m ist Aurichs Stiftsmühle die größte in ganz Ostfriesland

STIFTSMÜHLE

Wer immer schon mal mit einer Haferflockenquetsche sein eigenes Müsli herstellen wollte oder sich fragt, wie das Korn eigentlich zum Brot wird, sollte die Stiftsmühle besuchen. Dort drehen sich die Flügel der größten Mühle Ostfrieslands im Wind und lassen dabei Kammräder knarren und Mühlsteine reiben. Ein Museum informiert über die Geschichte. Falls dich das durstig macht, kannst du dich im alten Müllerhaus mit Tee stärken. *Ende April–Mitte Okt. Di–So 12–16, Führungen Do, Fr und Sa 15 Uhr | 2,50 Euro | Oldersumer Str. 28*

EEZ AURICH

Das Energie-, Bildungs- und Erlebnis-Zentrum (EEZ) erhebt sich wie ein silbriges Ufo vor den Toren der Stadt. Innen lernst du an Mitmachstationen das Geheimnis der Energie kennen. Alles ist zum Anfassen und Selbsterleben. Hier kann jeder selbst zu den Energiequellen Erde, Wasser, Sonne und Wind experimentieren. Der Außenbereich widmet sich dem Thema Wind. *Mo–Fr 9–17, Sa, So 10–18 Uhr | 10 Euro, Kinder ab 6 Jahre 8,50 Euro | Osterbusch 2 | eez-aurich.de | 2 Std.*

ESSEN & TRINKEN

ZUR BÖRSE

Das Gasthaus und Restaurant auf dem alten Stadtwall mit seinem Biergarten und verwinkelten Gastraum wurde schon 1901 eröffnet. *So/Mo geschl. | Burgstr. 50 | Tel. 04941 6 16 20 | twardokus.de | €€*

HAFEN 5

Wer von Tee die Nase voll hat, sollte dieses Café ansteuern. Hier weckt hausgerösteter Kaffee die Lebensgeister. Falls man sich in der Vielfalt der Sorten verliert, hilft die Bedienung gern weiter. Tee bekommst du übrigens zur Not auch. Außerdem helfen Suppen, Nudelgerichte und frisch geröstete und originell belegte Brote dabei, die Energie zu bewahren. *Tgl. | Hafenstr. 5 | Tel. 04941 6 04 80 60 | auricher-kaffee.de | €€*

Das Ewige Meer ist gar keins – sondern ein Hochmoorsee

SHOPPEN

Haupteinkaufsstraße ist die *Burgstraße,* die auch am Marktplatz *(Wochenmarkt Di, Fr und Sa)* mit der gläsernen Markthalle vorbeiführt.

SPORT & SPASS

Paddel- und Tretboote gibt es am Hafen. Für 10 bzw. 19 Euro kannst du *Ausflugsfahrten (Termine beim Verkehrsverein, Karten an Bord)* mit der MS „Stadt Aurich" über den Ems-Jade-Kanal nach Ihlow oder Emden unternehmen. Zwischen über 140 Jahre alten Douglasien kannst du im *Kraxelmaxel Kletterwald Aurich (tagesaktuelle Zeiten s. Website | ab 20 Euro für 2 Std. | Hoheberger Weg 165 | kletterwald-aurich.de)* auf sechs verschiedenen Parcours in 4 bis 10 m Höhe deinen Mut unter Beweis stellen. Für Kinder gibt es einen gesonderten Parcours *(8 Euro).*

[...]ER-TIPP
[...]sch, zisch auf Ostfriesisch

WELLNESS

Hast du schon mal einen Sturmflut-Aufguss [i]n der Sauna genossen? Nein? Das [g]eht bei „Nu wordt ruug" im *De [B]aalje (Bad Mo–Fr 6.30–20, Sa/So [8]–20, Sauna tgl. 10–21 Uhr, Mo Damensauna | Schwimmbad 5,50 Euro, [S]auna ab 18 Euro | Am Ellernfeld 2 | [d]ebaalje.de).* Die Aufgüsse tragen al[l]esamt plattdeutsche Namen, sind [a]ber nicht alle so wild wie dieser. [W]enn dir mehr nach Action ist, kannst [d]u dich auch im Schwimmbad samt [g]roßem Außenbereich austoben.

AUSGEHEN & FEIERN

Das Nachtleben ist sehr überschaubar. Freitags und samstags kann man in die *Tanzbar (ab 22.30 Uhr | Kirchdorfer Str. 7 | tanzbar-aurich.de)* gehen, in der DJs auflegen. Oder du kuschelst dich in die Sessel im Auricher *Kino (Emder Str. 5 | kino-aurich.de).* Eine Besonderheit ist die *Filmrolle (Mo/Di 17 und 20 Uhr),* ein Programm mit selten gezeigten, anspruchsvollen Filmen. Mittwochs ist Kinotag, Tickets dann nur 7 Euro, am Nachmittag 5 Euro.

RUND UM AURICH

3 EWIGES MEER

15 km nördlich von Aurich/20 Min. über die Dornumer Str.

An Deutschlands größten Hochmoorsee führt vom Parkplatz bei Eversmeer ein uriger, als Naturlehrpfad gestalteter Holzbohlenweg (Gehzeit ca. 30 Minuten). Im *Café zum Ewigen Meer (April–Okt. Mi–Mo 12–18, Nov.–März Fr–So 13–17 Uhr | Eversmeer | Parkplatzstr. 3 | cafe-zum-ewigen-meer.de)* erwarten dich nicht nur frisch gebackene Kuchen und Torten, sondern auch Kunstausstellungen. *E6*

4 MOORMUSEUM MOORDORF ★

7 km westlich von Aurich/30 Min. mit dem Rad

Gerade noch in der Gegenwart, jetzt auf einmal mitten im 18. Jh. in einer zugigen Hütte im Moor, in der man auch noch die ganze Zeit den Kopf einziehen muss. Wer wissen möchte, wie armselig die frühen Siedler im Moor wohnten, kann im Moormuseum in Moordorf selbst in diese Rolle eintauchen. Den Rundgang hat man in rund einer Stunde geschafft, wer sich auch im Museum umsehen möchte, sollte besser zwei Stunden einplanen. In der angeschlossenen Teestube werden neben Kuchen und Torten auch süße und pikante Pfannkuchen serviert. *Mitte März–Okt. tgl 10–18, Nov. Mo–Fr 9–13 Uhr | 4,50 Euro | Victorburer Moor 7 a | moormuseum-moordorf.de |* 🕮 *E6*

Im Emder Ratsdelft haben drei Schiffe ihren Altersruhesitz

5 ERLEBNISHOF STROHABENTEUER

12 km nordöstlich von Aurich/15 Min. über die B 210

Einmal mit den Alpakas Roadrunner, Snowflake und Landboy spazieren gehen (oder besser gesagt: spazieren gegangen werden)? Ganz nebenbei erfährst du hier in Middels-Westerloog Wissenswertes über die Tiere und kannst sogar einen Alpakaführerschein machen. Anschließend gönnst du dir eine Stärkung im angeschlossenen *Melkhus (April–Sept. Mi–So 11–17 Uhr). Führungen mit Alpakas buchen unter Tel. 04947 5 08 85 80 oder strohabenteuer.de | Alpaka führen 29 Euro, Begleitung 10 Euro | Westerlooger Str. 9 |* 🕮 *F6*

6 WIESMOOR

24 km südöstlich von Aurich/30 Min. über die B 72 und Ostgroßefehn

Die kleine Stadt (13 000 Ew.) wird auch als „Blüte Ostfrieslands" bezeichnet. Der Ort liegt mitten im Moor und die Einwohner entwickelten bereits vor 100 Jahren etwas, das eigentlich erst jetzt so richtig modern ist: Sie nutzten die Abwärme eines Torfkraftwerks, um riesige Gewächshäuser zu heizen. Dort gediehen damals vor allem Gurken und Tomaten und heute reichlich Blumen

INSIDER-TIPP
Wiesmoor Future

Einen Eindruck davon bekommst du im *Blumenreich (April–Okt. tgl. 10–18 Uhr | 8 Euro | Dahlienstr. 26 | tourismus-wiesmoor.de)*. In der großen Blumenhalle samt riesigem Gartenpark wachsen mehr als 10 000 Pflanzen, mittendrin spielt eine Wasserorgel.

Wer mehr Action möchte, testet sein Können bei einer Runde *Erlebnisgolf (April–Okt. tgl. 9–19 Uhr, Juni–Sept. Fr/Sa bis Sonnenuntergang | 8 Euro | Dahlienstr. 26 | erlebnisgolf-ostfriesland.de)*. Dabei gilt es, den Ball über originelle Hindernisse zu manövrieren: Hast du schon einmal auf einem wackligen Krabbenkutter gespielt oder den Ball bei einer Windmühle in luftige Höhen befördert? Der gesamte Golfpark ist thematisch an Ostfriesland angelehnt: So warten zum Beispiel auch ein Wal, ein Leuchtturm und eine Tasse Tee auf die Spieler.

Eine Stärkung gibt es danach im *Hotel zur Post (Mo geschl. | Am Rathaus 6 | Tel. 04944 9 10 60 | hotelzurpost-wiesmoor.de | €€€)*. Dort werden regionale Gerichte kreativ, mit viel Liebe zum Detail und Einflüssen der Sterneküche angerichtet. Jeder Gang sieht aus wie ein Kunstwerk. Man sieht und schmeckt, dass die Köche Freude an ihrer Arbeit haben. G7

ER-TIPP
linarische unstwerke n Verkosten

EMDEN

(D7) **In Emden spürt man die Nähe zum Meer ganz besonders. Das Wasser ist nie weit entfernt.**

Emden (50 000 Ew.) war einmal richtig hübsch und erinnerte sehr an Amsterdam. Dann aber kam der Zweite Weltkrieg. Fast die gesamte Innenstadt fiel 1944 einem Bombenangriff zum Opfer. Historische Bausubstanz ist deshalb kaum erhalten. Insbesondere rund um den alten Hafen am Ratsdelft bekommen Sie aber einen Eindruck davon, wie zauberhaft Emden früher einmal ausgesehen hat.

Die Stadt hat außer VW als größtem Arbeitgeber einige Besonderheiten: Hier werden nicht nur die meisten Ehen in Deutschland geschieden, sondern es gibt auch die meisten Luftschutzbunker pro Kopf. Ob da wohl ein Zusammenhang besteht? Viele der Bunker sind inzwischen zweckentfremdet und dienen wegen der dicken Mauern z. B. als Proberaum für Bands.

Auch am Abend findet sich in Emden immer eine gute Beschäftigung. Falls einem mal gar nichts mehr einfallen sollte, setzt man sich einfach an den Ratsdelft oder hält sich rund um das Rote Siel mit den anderen Emdern im Freien auf. Achtung übrigens: Es heißt Emder. Wenn du Emdener sagst, outest du dich ganz schnell als Tourist.

SIGHTSEEING

MUSEUMSSCHIFFE ★

Die drei alten Museumsschiffe, die im Ratsdelft vor Anker liegen, kann man besichtigen. Es handelt sich um das 100 Jahre alte Feuerschiff *Amrumbank (April–Juni und Sept./Okt. Mo–Fr 11–16, Sa/So 11–14, Juli/Aug. Mo–Fr 11–17, Sa/So 11–15 Uhr | 3 Euro | am rumbank.de),* den Segellogger *AE7 Stadt Emden (April–Juni und Sept./Okt. Mo–Fr 11–16, Sa/So 10–13, Juli/Aug. Mo–Fr 11–17, Sa/So 11–15 Uhr | 2,50 Euro | heringslogger.de),* der in der Nordsee auf Heringsfang fuhr, und um den einst auf Borkum stationierten Seenotkreuzer *Georg Breusing (April–Okt. tgl. 11–17 Uhr | 2,20 Euro).*

OSTFRIESISCHES LANDESMUSEUM ★

Huh, eine Moorleiche – und auch noch die am besten erhaltene in Nordeuropa: „Bernie" ist im Landesmuseum zu sehen. Restauratoren haben herausgefunden, dass er sich für seine Zeit, das 8. Jh., sehr unüblich kleidete und mit einem bunten Flickenponcho unterwegs war. Außerdem war er mit seinen 1,80 m für die damalige Zeit ein Riese. Vom Museum aus kannst du den Rathausturm besteigen, der Ausblick über Emden und Umgebung bietet. *Di–So 12–17 Uhr | 8 Euro, Kombikarte mit Kunsthalle 14 Euro | Brückstr. 1 | landesmuseum-emden.de | 1½ Std.*

DAT OTTO HUUS

Das Haus erkennst du schon von Weitem an den Ottifanten, die die Fassade zieren. Dort ist das Lebenswerk des aus Emden stammenden Komödianten Otto Waalkes dargestellt. Wolltest du nicht schon längst mal Ottos erstes Kaugummi oder seine ersten Barthaare sehen? Na dann los! Wer gern selbst einen Ottifanten halten möchte, wird im Laden fündig. Dort erfährst du auch alles über die Haltung und die Ansprüche der possierlichen Tierchen

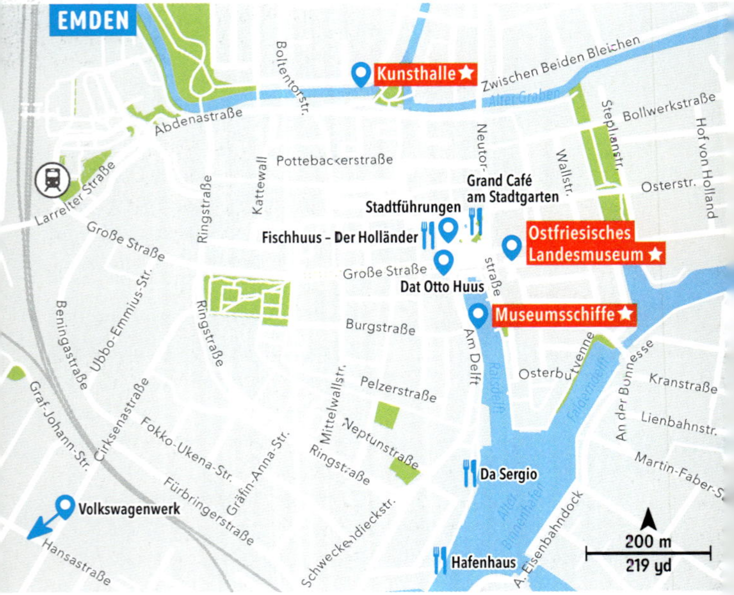

April–Dez. Mo–Fr 11–17, Sa 11–14, So 11–15 Uhr | 2 Euro | Große Str. 1 | emden-touristik.de | 1 Std.

KUNSTHALLE

Emden hatte einmal die höchste Arbeitslosenzahl der Republik, die Stadt selbst bot ein eher tristes Bild. Dann aber kam Henri Nannen, Gründer und Herausgeber des „Stern", und schenkte seiner Heimatstadt zu seinem 70. Geburtstag seine bedeutende Kunstsammlung. Diese umfasste 650 Bilder, darunter insbesondere Werke aus dem Expressionismus. Emden bekam eine Kunsthalle. Die Zahl der Gemälde ist inzwischen auf 1500 angewachsen, dazu kommen Wechselausstellungen. Das Museum selbst ist selten überlaufen, auch wenn sich an der Kasse manchmal Schlangen bilden. Wer sich die ersparen möchte, bucht sein Ticket online unter *kunsthalle-emden.ticketfritz.de*. Jeden ersten Dienstag im Monat ist von 17 bis 21 Uhr langer Kunstabend, der Eintritt kostet dann nur 5 Euro und es gibt die Führung „Keine Angst vor Kunst". *Di–Fr 10–17, Sa/So 11–17 Uhr, während der Vorbereitung von Sonderausstellungen geschl. | 9 Euro | Hinter dem Rahmen 13 | kunsthalle-emden.de | 2–3 Std.*

…DER-TIPP
Die beste Therapie gegen …unstphobie

VOLKSWAGENWERK

Die Fabrik ist Emdens wichtigster Industriebetrieb. *Kostenlose Werksbesichtigung auf Anfrage unter Tel. 04921 86 23 90 oder besucherdienst.emden@volkswagen.de | volkswagen.de*

Widmet sich der artgerechten Haltung von Ottifanten: Otto Huus in Emden

STADTFÜHRUNGEN

Bei einem anderthalbstündigen Rundgang erfährst du mehr über die historische Altstadt und den Hafen. *Ende März–Weihnachten Sa 11 Uhr | 4,50 Euro | Treffpunkt Infopavillon am Stadtgarten (Alter Markt 2a)*

ESSEN & TRINKEN

GRAND CAFÉ AM STADTGARTEN

Café auf zwei Etagen mit Terrasse und Balkon, das auch preiswerte Pfannkuchen, Burger, Schnitzel, Nudelgerichte, Salate und Baguettes serviert. *Tgl. | Am Stadtgarten 7–13 | Tel. 04921 2 88 11 | grandcafe-emden.de | €€*

Ein herrlich nostalgischer Arbeitsplatz für Borkums Baywatch: Badekarren aus dem 19. Jh.

FISCHHUUS – DER HOLLÄNDER

Immer her mit dem guten Fisch – schließlich ist das Meer in der Nähe! Lecker zubereitet gibt es ihn hier reichlich, sowohl frisch gebraten wie auch als Snack für den kleinen Hunger. *Abends und So geschl. | Zwischen Beiden Märkten 1 | Tel. 01590 1682702* | €

DA SERGIO

Direkt am Delft die wohl beste italienische Küche in Ostfriesland. Neben traditionell Italienischem – Pasta, Pizza, Fisch und Fleisch – auch ostfriesische Einsprengsel, z. B. Deichlammrücken mit Ziegenkäse und Thymian. *Tgl. | Am Delft 27 | Tel. 04921 6889313 | dasergio-emden.de* | €€–€€€

HAFENHAUS

Essen auf der Hafenpromenade mit Blick auf den Binnen- und Überseehafen, entweder direkt auf dem Steg oder drinnen hinter Fensterglas. Die Karte ist überschaubar, dafür aber voller Gerichte mit frischen Zutaten. *Tgl. | Promenade am Alten Binnenhafen 8 | Tel. 04921 6895690 | hafenhaus-emden.de* | €€

SHOPPEN

INSIDER-TIPP Ostfriesisches für kleines Gel

Kunsthandwerk, dazu Kulinaria und Bücher bietet der *Kunstladen* (*Di–So 10–17 Uhr*) im Ostfriesischen Landesmuseum zu fairen Preisen. *Wochenmarkt* ist immer Di, Fr und Sa vormittags auf dem Neuen Markt.

SPORT & SPASS

Hafenrundfahrten (*10 Euro*) werden von April bis Oktober täglich von 12 bis 16 Uhr jede Stunde ab Ratsdelft

angeboten, *Grachtenfahrten (11 Euro)* Di, Do und Sa um 12 und 14 Uhr. Mehrere Stationen verleihen Kanus, Kajaks und Tretboote, u.a. die *Paddel- und Pedal-Station (Am Marienwehrster Zwinger 13 | Tel. 0160 3 69 27 39 | ag-ems.de).* Zum Baden bei jedem Wetter, für Wellness und Saunagänge bietet sich die *Friesen-Therme (Bad Mo 10–15, in den Schulferien 10–21, Di–So 10–21 Uhr, Sauna So–Do 10–22, Fr/Sa 10–23 Uhr | Bad ab 6 Euro, Sauna ab 17,50 Euro | Theaterstr. 2 | friesen therme-emden.de)* an.

AUSGEHEN & FEIERN

Zentrum des Emder Nachtlebens ist der nahe dem alten Hafen gelegene Neue Markt mit Kneipen, Restaurants und Club. Bis spätabends was los ist in der *Cocktailbar Mojito (tgl. | Lilienstr. 18).*

RUND UM EMDEN

7 SUURHUSEN

7 km nördlich von Emden/10 Min. über die B 210

INSIDER-TIPP
Jetzt nur nicht umfallen

Ostfriesland hat glatt Pisa überholt: In Suurhusen erhebt sich der schiefste Turm der Welt. Er neigt sich um 5,1939 Grad, der italienische Konkurrent bringt es hingegen „nur" auf 5,098 Grad. 2,43 m betrug der Überhang bei der letzten Messung. *D7*

8 KNOCK

13 km westlich von Emden/20 Min. über die Larrelter Str.

An der Knock wird die ganze Weite Ostfrieslands spürbar. Viele Windräder drehen sich hier, ein großes Leuchtfeuer weist Schiffen den Weg. Am Ende der Straße wird in einer weitläufigen Erdgas-Anlandestation über unterseeische Pipelines herangeführtes Erdgas aus Norwegen geprüft und dann über weitere Fernleitungen ins deutsche Binnenland und in die Niederlande weitertransportiert. Einkehren kannst du in der *Strandlust (Mo/Di geschl. | Jannes-Ohling-Str. 39 | Tel. 04927 18 78 30 | ag-ems.de | €€). C8*

9 BORKUM

2 Std. 10 Min. mit der Fähre, 1 Std. mit dem Katamaran (ag-ems.de) von Emden

Borkum liegt weiter vom Festland entfernt als alle anderen Ostfriesischen

Inseln und rühmt sich eines echten Hochseeklimas. Vom Hafen fahren Busse, Taxis und die historische Inselbahn ins Zentrum des Inselstädtchens, das teilweise autofrei ist. Im Ort Borkum leben fast alle der gut 6500 Insulaner, dort stehen die meisten der mehr als 18 000 Gästebetten. Vor allem die Bismarck- und die Franz-Habich-Straße laden zum Einkaufs- und Kneipenbummel ein. Romantiker zieht es aber eher in den Weiler Ostland, in dem die letzten beiden Inselbauern ihre Höfe haben und zwei Cafés auf Gäste warten. Bis dorthin fährt auch der Linienbus. Räder für Ausflugstouren kannst du zeitsparend direkt im Inselbahnhof ausleihen.

Besonders sehenswert sind in der Stadt der 60 m hohe *Neue Leuchtturm (stark gestaffelte Zeiten s. Website | 3 Euro | Strandstr. | borkum.de)* und der schon 1576 erbaute *Alte Leuchtturm (keine Innenbesichtigung | Kirchstr.)*. Von Letzterem sind es nur wenige Schritte bis zum *Walzaun (Wilhelm-Bakker-Str. 3)* aus 2 m hohen Kinnladen von Walen, den ein Walfänger von der Insel im 18. Jh. errichten ließ. Für eine Pause mit Kaffee und Kuchen eignet sich der *Lüttje Toornkieker (Mo geschl. | Wilhelm-Bakker-Str. 1 | toornkieker.de)* im historischen Ortskern. Tee und Kaffee kommen aus fairem Handel. Alles ist selbst gemacht und ohne künstliche Zusätze. *A–B 5–6*

GREETSIEL

(C6) **Das über 600 Jahre alte ★ Greetsiel (1500 Ew.), Hauptort der Landschaft Krummhörn mit 19 Dörfern, gilt als die Puppenstube Ostfrieslands.**

Im Kutterhafen Greetsiel kommen die kleinen Krabben kulinarisch ganz groß raus

Jeden Tag tuckern die 25 Krabbenkutter vom Hafen aufs Meer hinaus. Dazu verleihen historische Häuserzeilen aus dem 17. und 18. Jh., mit Ziegelsteinen gepflasterte, fast autofreie Straßen, interessante Läden und niveauvolle Restaurants Greetsiel eine romantische Atmosphäre. Auf den Wasserläufen, die ins Hinterland führen, kann man Tretboot und Kanu fahren. Der Ort ist im Sommer am Wochenende oft komplett überlaufen. Lieber unter der Woche besuchen!

INSIDER-TIPP
Geschickt verpassen: Menschenmassen

SIGHTSEEING

POPPINGA'S ALTE BÄCKEREI

Durchs Museum streifen und Tee schlürfen? Perfekt! Poppinga's am Hafen ist Bäckereimuseum, Kunstgalerie und Teestube zugleich. *Ostern–Okt. tgl. 11–19 Uhr | Eintritt frei | Sielstr. 21 | poppingas-alte-backerei-greetsiel.de*

ZWILLINGSMÜHLEN

Gleich zwei Galerieholländer heißen Besucher am Ortsrand willkommen. Die rote Mühle kann besichtigt werden *(April–Okt. Mo–Sa 7–18, So 7.30–18, Nov.–März Mo und Mi–Fr 7.30–17, Sa 7.30–13 Uhr | 2 Euro);* hier gibt es auch ein Mühlencafé. In der anderen sind eine Teestube sowie eine Galerie untergebracht. *zwillingsmuehlen.de*

ESSEN & TRINKEN

CAPTAIN'S DINNER AM SIELGATT

Durchgehend geöffnetes Restaurant in zwei der ältesten Häusern Greetsiels mit vielen Tischen auf dem Marktplatz. Auf der umfangreichen Speisekarte stehen u.a. Deichlamm und zahlreiche Matjesvariationen. *April–Okt. tgl. | Am Markt 4–6 | Tel. 04926 369 | €€*

WITTHUS

Von Aalrauchmatjes bis zu Lamm- und Entenfilets auf Thymian-Steinpilz-Sauce reicht das kulinarisch ambitionierte Angebot. Die Saisonkarte wechselt monatlich: Im Mai lockt sie beispielsweise mit Schollen, im November mit dem ersten Grünkohl. *Im Winter Di–Do mittags und Mo geschl. | Kattrepel 5–9 | Tel. 04926 920 00 | witthus.de | €€€*

SHOPPEN

INSIDER-TIPP
Ästeetisches Zubehör

RAHRITÄTEN

In ihrem Laden verkauft Irene Rah alles, was man für guten Tee braucht. So wandern zum Teeservice neben einem Stövchen schnell noch Kluntjetopf, Kluntjezange, Sahnegießer und Sahnelöffelchen – alles original ostfriesisch. *Mühlenstr. 24 | rahritaeten.de*

SPORT & SPASS

Beim *Bootsverleih Greetsiel (Helenastr. 6 | Tel. 0173 7337474 | abenteuer-am-wasser.de)* kannst du Tret- und Ruderboote, Kanus und Kajaks ausleihen. Auch einstündige Bootsfahrten über Tiefs und Kanäle der Krummhörn mit Erklärungen sowie Fahrten nach Pilsum sind im Angebot. Ausflugsfahrten auf eine der Ostfriesischen Inseln starten im Sommer mehrmals wöchentlich vom Kutterhafen aus. Bei Flut fährst du zum Baden in der Nordsee nach Upleward mit seinem hinter dem Deich gelegenen Trockenstrand.

INSIDER-TIPP
Ostfriesen in ihrem natürlichen Habitat

AUSGEHEN & FEIERN

HAFENKIEKER

In der urigen Kneipe kannst du noch mit echten Fischern plauschen, draußen auf der Terrasse schaust du direkt auf den Kutterhafen. Die Zeit scheint hier mal eine Pause gemacht zu haben. *Nov.–März Mo geschl. | Am Hafen 1 | hafenkieker-greetsiel.de*

RUND UM GREETSIEL

10 PILSUM

4 km südwestlich von Greetsiel/ 15 Min. mit dem Rad

Pilsum (670 Ew.) ist ein bisschen wie Worpswede, nur ruhiger. Die Kunst drängt sich in dem kleinen Ort förmlich auf, tut das aber sehr freundlich. Wer durch die engen Gassen zwischen den Steinhäusern streift, entdeckt neben etlichen Skulpturen in den wild blühenden Vorgärten die Schilder an den Häusern, die auf ihre kreativen Bewohner und ihr Wirken hinweisen. Die Straße Am Pilsumer Ring führt einmal ums Dorf und an den schönsten Galerien entlang. *C6*

11 CAMPEN

15 km südlich von Greetsiel/20 Min. über Pilsum und Groothusen

An der Landstraße, die Campen streift, liegt das *Ostfriesische Landwirtschaftsmuseum (Osterferien und Mai–Mitte Okt. Di–Fr 10–17, Sa/So 10–13 Uhr | 3 Euro, Kinder ab 6 Jahre 1,50 Euro | olmc.de)*. Dort lernst du nicht nur alte Landwirtschaftstechnik kennen, sondern darfst auch selbst mit historischen Treckern bei maximal 20 km/h die herrliche Landschaft erkunden *(1 Std. 39 Euro, 2 Std. 58 Euro)*. Am Museum zweigt eine Stichstraße zum *Campener Leuchtturm (März–Nov. tgl. 11–17 Uhr | 4 Euro)* von 1892 mit seiner Aussichtsplattform ab. *C7*

INSIDER-TIPP
Ein Kindertraum wird wahr

12 RYSUM

18 km südlich von Greetsiel/25 Min. über Campen

Das schönste Warfendorf der Krummhörn mit seinen schmalen Gassen liegt abseits des Massentourismus. Dass Rysum kreisrund ist, kannst du eigentlich nur erkennen, wenn du es auf der Äußeren Ringstraße umrundest, die am Wegweiser zum Parkplatz und zum Landgasthaus Rysumer Plaats beginnt. Im Dorf stehen eine wiederaufgebaute *Windmühle (Schlüssel im Mühlenhaus nebenan)* mit intaktem Mahlwerk und eine *Kirche* aus dem 15. Jh., deren Orgel eine der ältesten noch bespielbaren weltweit ist. Angeblich mussten die Rysumer Bauern im 15. Jh. ihre fettesten Rinder über die zugefrorene Ems nach Groningen treiben, um das Instrument zu bezahlen. *C7*

Von der Windmühle in Rysum reicht der Blick weit über die Krummhörn

NORDEN & NORDDEICH

(◫ D5) **Tote, überall Tote ... In Norden lebt der Krimi-Bestsellerautor Klaus-Peter Wolf, der in seinen Geschichten mordet. Wer die Bücher kennt, wird viele Orte aus den Geschichten in der Stadt entdecken.**

Norden (25 000 Ew.) ist Ostfrieslands älteste Stadt. Als Ausflugsziel ist sie wegen ihrer Museen und historischen Bauten einen Besuch wert. Damit ist Norden besonders geeignet, um einen Tag mit schlechtem Wetter gut zu verbringen.

Der zu Norden gehörende, 4 km nordwestlich gelegene Küstenort Norddeich besitzt den geschäftigsten Fährhafen Ostfrieslands.

SIGHTSEEING

OSTFRIESISCHES TEEMUSEUM ★

Ein Tag ohne Tee in Ostfriesland? Undenkbar! Eher noch trocknet die Nordsee aus. Tee ist in Ostfriesland Kulturgut und Zeit für ein Tässchen ist immer. „Dreimal ist Ostfriesenrecht", heißt es – und so schlürfen Ostfriesen gerne mal drei Tassen Tee, bevor sie sich wieder verabschieden. Das Teemuseum stellt die Geschichte des Tees in Ostfriesland spannend dar. Wer Glück hat, hört sogar die riesige Teebeutelpackmaschine rumpeln und staunt, wenn ein riesiges Gerät unter Schnaufen einen winzigen Beutel befüllt. Pflichtbesuch! *März/April Di–So, Mai–Okt. tgl. 10–17, Nov.–Feb. Mi und Sa 11–16 Uhr | 6 Euro | Norden | Am Markt 36 | teemuseum.de | ◷ 1½ Std.*

Es ist angerichtet: mutterlose Seehundbabys in der Aufzuchtstation

ST.-LUDGERI-KIRCHE

Rechts die Kirche, links der frei stehende Glockenturm, dazwischen eine Straße: Die Norder haben beide Teile des Gebäudes einfach getrennt voneinander gebaut. Der Besuch lohnt allein schon wegen der weltberühmten Orgel von Arp Schnitger. *Stark gestaffelte Zeiten s. Website | Norden | Am Markt | norden-ludgeri.de*

WESTGASTER MÜHLE

In einer Mühle wohnen? Warum nicht? Das müssen sich die damaligen Bewohner gedacht haben, denn die Mühle ist direkt mit einer überdachten Diele und dem Wohnhaus verbunden. Die Mühle macht aber trotzdem, was sie soll: Bis heute wird dort donnerstags Korn gemahlen. Interessierte können sie besichtigen, vor allem lohnt sich eine *Führung (Juni–Okt. Do 15–17 Uhr und n. V. | 3 Euro):* Dabei erlebst du nicht nur, wie die Mühle das Getreide mahlt, sondern backst auch im historischen Ofen. Wenn du noch eine zusätzliche Stärkung brauchst, wirst du bestimmt in der Teestube oder im Bioladen fündig. *Mo–Fr 10–12.30 und 15–18 Uhr | Eintritt frei | Alleestr. 65 | Tel. 04931 145 27 | westgaster-muehle.de | 1 Std.*

INSIDER-TIPP
Selbst gebacken schmeckts am besten

SEEHUNDSTATION NATIONALPARK-HAUS ★

Ach, sind die niedlich! Jedes Jahr werden hier zwischen 30 und 90 mutterlos aufgefundene Heuler oder kranke Seehunde und Kegelrobben so lange aufgepäppelt, bis sie ausgewildert werden können. Besucher dürfen die Tiere durch Glasscheiben beobachten und zwei- bis dreimal täglich bei den Fütterungen zusehen. *Tgl. 9–17 Uhr | 10 Euro, Kinder 6 Euro, Kombiticket mit Waloseum 17/10 Euro | Norddeich | Dörper Weg 24 | seehundstation-norddeich.de | 1½ Std.*

AUTOMOBIL- & SPIELZEUGMUSEUM

Einmal den Cadillac von Elton John bewundern oder dem Mercedes von Berti Vogts ganz nah kommen? In einer alten Scheune sind rund 150 Autos und Mopeds ausgestellt, von historisch bis kurios. Zu sehen gibt es außerdem altes Spielzeug und Informationen zur Geschichte der DDR. *April–Okt. tgl. 11–18 Uhr | 7,50 Euro,*

Kinder 2,50 Euro | Norden | Ostermarscher Str. 29 | automuseum-nordsee.de | ⏱ 1½ Std.

WALOSEUM

In diesem Erlebniszentrum kannst du Walgesängen lauschen, Ambra riechen und viel über Wale und Delphine lernen. *Tgl. 9–17 Uhr | 10 Euro, Kinder 6 Euro, Kombiticket mit Seehundstation 17/10 Euro | Osterlooger Weg 3 | seehundstation-norddeich.de | ⏱ 2 Std.*

ESSEN & TRINKEN

REGINA MARIS

Hier treffen Nordsee und Mittelmeer kulinarisch aufeinander. Fisch und Fleisch sind gleichberechtigt, aber auch Vegetarisches wird wie beim Edelpilzrisotto mit Rosenkohlblättern phantasievoll neu interpretiert. *Tgl. | Norddeich | Badestr. 7c | Tel. 04931 1 89 30 | hotel-regina-maris.de | €€€*

UTKIEK

Hier speist du bei großartigem Blick auf Hafen und Wattenmeer. Durchgehend warme Küche. Lecker sind vor allem die frischen Waffeln. *Abends geschl. | Norddeich | Badestr. 1 (auf dem Deich) | Tel. 04931 80 62 | utkiek-nordsee-ferienwohnungen.de | €€*

SHOPPEN

Flanier doch mal durch ein Künstlerviertel – in der *Großen Neustraße* von Norden. Dort entdeckst du jede Menge regionales Kunsthandwerk, z. B. eine Glaswerkstatt, Schmuck und Produkte aus Keramik, Filz und Holz.

SPORT & SPASS

Am schönsten ist es natürlich am Strand. Weiter landeinwärts lockt das Erlebnisbad ☂ *Ocean Wave (Mo–Fr 10–21, Sa/So 10–20 Uhr, Sauna 1 Std. länger | ab 7,50 Euro, mit Sauna ab 13 Euro | Norddeich | Dörper Weg 22 | ocean-wave.de)* mit einer 101 m langen und 15 m hohen Riesenrutsche, Wellenbecken, Saunadeck und Spalandschaft. Die Drachenwiese am Meer gleich westlich des Hafens ist eine der größten im Norden. Kiten und Windsurfen sind ebenfalls möglich.

AUSGEHEN & FEIERN

WOLBERGS

Ein Geheimtipp für Ginliebhaber: Hier kannst du dich durch verschiedene Sorten probieren. Auch für Whiskey gibt es eine eigene Karte. Oder soll's doch lieber einer der vielen Cocktails sein? *Di–Sa ab 18 Uhr | Norden | Neuer Weg 55 | reichshof-norden.de*

RUND UM NORDEN & NORDDEICH

13 SCHLOSSPARK LÜTETSBURG ★

5 km östlich von Norden/20 Min. mit dem Rad

Wer von der Ruhe einfach nicht genug bekommt, kann im schönsten Park Ostfrieslands entspannen. Dort wachsen 150 Baum- und Straucharten, darunter vor allem Rhododendren und Azaleen. Inmitten des großer Landschaftsgartens erhebt sich ein Wasserschloss. Falls dich so viel Schönheit hungrig macht, hilft das *Café (April–Okt. tgl. 11–18 Uhr)* am Eingang mit Köstlichkeiten weiter. *Mai–Sept. tgl. 8–21, Okt.–April 10–17 Uhr | 2 Euro | Landstr. 55 | schlosspark-luetetsburg.de |* 🕮 *D5*

14 JUIST

1½ Std. mit der Fähre (reederei-frisia.de) von Norddeich-Mole

Nach Juist (1700 Ew.) kannst du nur an wenigen Tagen im Monat Tagesausflüge unternehmen, da die Fähren hier ganz besonders tidenabhängig sind und oft nur einmal täglich verkehren. Auch sonst hat die Insel ihre Besonderheiten: Sie ist mit 500 m extrem schmal, dafür aber mit 17 km die längste aller Ostfriesischen Inseln. Auf keiner anderen sind Pferdekutschen für den Verkehr wichtiger. Und am langen Strand erlebt man noch echte Einsamkeit – sonst an der Küste selten.

Auf Juist gibt es zwei Dörfer: den Hauptort in der Inselmitte und das weiter westlich gelegene Loog. Wiederum westlich davon liegt mit dem Hammersee der größte Süßwassersee der Ostfriesischen Inseln. Ein Rundgang vom Hauptdorf aus um den See und zurück dauert etwa 90 Minuten. Für ein leichtes Mittagessen ist das *Lütje Teehuus (tgl. | Dünenstr. 2 | Tel. 04935 91 43 56 | €–€€)* in einem liebevoll restaurierten Haus von 1802 im Januspark ideal; auch hausgemachte Kuchen und Waffeln werden hier serviert. 🕮 *C5*

15 NORDERNEY

1 Std. mit der Fähre (norderney.de) von Norddeich-Mole

Norderney ist so ein bisschen das Sylt Ostfrieslands: eher schick und ein Hauch von High Society. Entsprechend haben auch die Preise auf der Insel angezogen. Aus der goldenen Gründerzeit von Norderney (6500 Ew.) im 19. Jh., als die Insel Sommerresidenz des Hannoveraner Königs war, stammen noch das Kurhaus, das Kurtheater und das Kurhotel. Heute ist Norderney die belebteste der Ostfriesischen Inseln. Wer Ruhe sucht, ist hier an der falschen Adresse. Der schönste Blick bietet sich von der Aussichtsdüne *Georgshöhe* an der Strandpromenade. Beliebt nach einem Spaziergang am Strand ist das Restaurant *Weiße Düne (tgl. | Weiße Düne 1 | Tel. 04932 93 57 17 | weisseduene.com | €€)* am Ostbadestrand, das zugleich Strandrestaurant und Feinschmeckerlokal ist: Mittags geht es rustikal zu, abends raffiniert; dabei sitzt man inmitten der herrlichen Landschaft mit Blick auf die Dünen und das Meer. 🕮 *D4–5*

DORNUM

(🕮 E5) **Dornum (1200 Ew.) ist einer der beschaulichsten Orte Ostfrieslands. Niedrige Häuser, die meisten aus schwarzroten Klinkern, säumen die verkehrsarmen Straßen; in den guten Restaurants und Kunsthandwerksläden herrscht eine entspannte Atmosphäre.**

Ein bunter Wald aus Strandkörben steht am Strand von Juist

Zwei der drei Burgen, die das auf einer Geestinsel inmitten der Marsch gelegene Dornum um 1400 besaß, sind einige Zeit nach ihrer Zerstörung im Jahr 1514 wiederaufgebaut worden und zieren den Ort heute ebenso wie die alte Kirche. Von besonderem Interesse sind die ehemalige Synagoge und der jüdische Friedhof, die daran erinnern, dass es hier wie anderswo in Ostfriesland bis zur Nazizeit einen jüdischen Bevölkerungsteil gab. Der Hafenort Dornumersiel zeichnet sich durch mehrere gute Restaurants und durch seine Ruhe aus.

SIGHTSEEING

INSIDER-TIPP Jüdisches Wissen aus erster Hand

SYNAGOGE

Hier lohnt sich eine Führung mit Georg Murra-Regner. Er ist nicht nur waschechter Ostfriese, sondern selbst Jude und kann viel zur Geschichte der Synagoge und zu den religiösen Hintergründen erzählen. Die Synagoge in Dornum ist die einzige in Ostfriesland, die die Reichspogromnacht überstanden hat: Sie war Tage zuvor an einen nichtjüdischen Tischler verkauft worden, der sie zeitweise als Möbellager nutzte. *Fr–So 15–18 Uhr und n.V. | Eintritt frei | Kirchstr. 6 | Tel. 04933 3 42 | synagoge-dornum.de | 1 Std.*

WASSERSCHLOSS NORDERBURG

Ostfrieslands größtes Wasserschloss, 1668–1720 im Barockstil erbaut, dient heute als Schule. Imposant sind das 30 m hohe Torhaus und die Weite des Schlosshofs. *Schlossstr.*

NATIONALPARKHAUS

Piep, piep, zwitscher, piep, piep – Vögel können nicht rappen? Oh doch, hier wirst du eines Besseren belehrt. Zudem erfährst du viel über neue Energien und Wattwanderungen und darfst auch jede Menge selbst ausprobieren. *April–Okt. Di–Fr 9–17, Sa/So 13–17 Uhr | Eintritt frei | Dornumersiel | Oll Deep 7 | nationalparkhaus-wattenmeer.de |* ⏲ *1½ Std.*

ESSEN & TRINKEN

BENINGABURG

Neben einem historischen Ahnensaal ein Holzkohlefeuer machen: Wer mag, grillt hier sein Essen selbst und fühlt sich wie ein Ritter, wenn er den Mühlstein im Garten als Tisch nutzt und dort das Steak zerlegt. *Mo geschl. | Beningalohne 2 | Tel. 0160 5 02 64 36 | €€*

INSIDER-TIPP
Steakhaus à la Mittelalter

KÄTHE & KARL

Bei Käthe & Karl wirst du außer mit frischem Fisch auch noch mit anderen Köstlichkeiten verwöhnt. Wie wär's z.B. mit geschmortem Deichlammragout oder mit einem Erdbeerrahmtörtchen zum Nachtisch? *Sa-Mittag und Mo geschl. | Dornumersiel | Cassen-Eilts-Pad 2 | Tel. 04933 17 44 | kaetheundkarl.de | €€*

DUSEND BUDDEL HUUS

Traditionelle ostfriesische Küche – oder indische? In dem urigen Gemäuer treffen unter alten Holzbalken zwei Welten aufeinander. Bei vielen Gerichten schmeckt man die indischen Einflüsse. *Di und außer Fr–So mittags geschl. | Dornumersiel | Störtebekerstr. 141 | dusend-buddel-huus.business.site | €€*

SHOPPEN

GOLDSCHMIEDE MATTHEY

An die Nordsee fahren und mit Schmuck zurückkommen – das ist mal was anderes als ein Buddelschiff oder

Gelage wie im Mittelalter: In der Beningaburg grillst du dein Steak selbst am Holzkohlefeuer

ein gestreifter Leuchtturm. Der Schmuck aus dem eigenen Atelier ist hier aus Silber, Gold oder Platin. *Beningalohne 12 | goldschmiede-matthey.de*

HANDWEBEREI FIEFSCHAFT

Irene Steffens entwirft Tischdecken, Gardinen und andere Wohntextilien sowie Kleidung nach eigenen Ideen oder Kundenwünschen, die sie in ihrem Bauernhaus bei Dornum an einem der 20 Webstühle in Handarbeit fertigt. *Mo–Fr 14.30–18, Sa 10–13 Uhr | Kirchstr. 13 | fiefschaft.de*

SPORT & SPASS

Kanus vermieten *Kur und Reisen (Möhlenweg 2 | Tel. 04933 26 62 | kur-und-reisen.de)* in Dornumersiel und die *Paddel- und Pedalstation (Störtebekerstr. 24 | Tel. 04933 20 28)* in Neßmersiel. Eine Skaterbahn steht am Reethaus am Meer *(Hafenstr. 3)* in Dornumersiel. Unabhängig von der Tide schwimmen lässt es sich im solarbeheizten *Meerwasserfreibad (Mai–Sept. tgl. 10–18.30 Uhr | 3,50 Euro, mit Dornumer Gästecard frei | Am Nordseestrand 2)* von Dornumersiel.

RUND UM DORNUM

16 BALTRUM

30 Min. mit der Fähre (baltrum-linie.de) ab Neßmersiel

Auf der mit 6,5 km² kleinsten Ostfriesischen Insel (500 Ew.) tragen die Straßen keine Namen – die Hausnummern werden chronologisch quer durch den Ort vergeben. Der liegt inmitten niedriger Dünen; die Häuser sind darauf und in Dünentäler hineingebaut. Schönste Landschaft ist das 1000 m lange und bis zu 300 m breite Dünental. *(E4)*

ESENS

(F5) **Esens im Harlinger Land ist mit 7000 Ew. die kleinste der ostfriesischen Festlandstädte. Der Ort mit seiner Umgebung lässt sich gut in wenigen Stunden erkunden.**

Rund um die Giebelhäuschen in der Kleinstadt wird es im Sommer recht trubelig, da dann die Urlauber von der Küste zum Einkaufen kommen. Der Hafenortsteil Bensersiel ist touristisch geprägt und sehr kinderfreundlich. Dort verlockt der feine Sand zu einem Tag am Strand.

SIGHTSEEING

BERNSTEINMUSEUM

Uralte Fliegen sehen aus, als würden sie jeden Moment weiterschwirren – wäre da nur nicht der Bernstein, der sie umschließt. Im Museum lernen Besucher alles über das versteinerte Harz und die Kostbarkeiten, die es umschließt. Wer mag, darf sogar selbst in der Werkstatt schleifen *(15 Euro). Mitte März–Okt. tgl. 10–17 Uhr | 3,50 Euro, Kinder 6–14 Jahre 2,50 Euro | Herdestr. 14 | bernsteinhuus.de*

ST.-MAGNUS-KIRCHE

Ein Besuch in der größten Kirche Ostfrieslands lohnt sich nicht nur, weil dort mit Siebet Attena der einzige der ostfriesischen Häuptlinge bestattet ist, der je zum Ritter geschlagen wurde. Im Turmmuseum blickst du hinter die Orgel und entdeckst ihre Geheimnisse. Vom Turm aus öffnet sich eine herrliche Aussicht übers Meer bis nach Spiekeroog. *Kirche März–Okt. Di–Fr 10–11.30 und 14.30–16, Führung Do 15 Uhr; Turmmuseum April–Okt. Di und Do 15–17, So 11–12 Uhr | Spende erbeten | Kirchplatz*

INSIDER-TIPP
Weitblick mit Eiland-Kick

BÄRENSKULPTUR

Bären, übärall Bären: Rund 50 Skulpturen stehen rund um den Stadtkern verteilt, kein Urlaubär kann ihnen entgehen. Besonders bärliebt ist die Bronzeskulptur in der Nordwestecke des Kirchplatzes. Abär was treiben die Tiere übärhaupt in Esens? Der Legende nach wurde die Stadt gerade belagert, als ein Tanzbär entkam. Er soll auf den Kirchturm geklettert sein. Damit hat er angeblich die Feinde in die Flucht geschlagen: Sie dachten, dass es einer belagerten Stadt nicht schlecht gehen könne, wenn sie noch in der Lage sei, einen Bären durchzufüttern.

LEBEN AM MEER

Ein bisschen erinnert die Gegend um Esens an Atlantis: Ganze Teile der Marschlandschaft sind in den vergangenen Jahrhunderten im Meer versunken – und mit ihnen komplette Dörfer. Daran erinnert die Ausstellung in der alten Peldemühle. Sie zeigt eindrucksvolle Funde aus der versunkenen Landschaft. Spektakulärstes Objekt ist ein Frauenskelett, das im Watt gefunden wurde. *Mitte März–Okt. Di–So 10–17, Nov.–Mitte März Di–Do 10–14 Uhr | 4 Euro, bis 14 Jahre frei, Jugendliche 1,50 Euro | Bensersieler Str. 1 | leben-am-meer.de | 1½ Std.*

ESSEN & TRINKEN

STADT-SCHKÜR

Alle bereit? Ab geht es auf Zeitreise! Zwischen antiken Möbeln, alten Kinderwagen und Haushaltsgegenständen schmecken Kaffee und Kuchen mitten in einer alten Scheune gleich doppelt gut. Die Zeit reicht nie aus, um alle liebevoll platzierten Details im Privatmuseum zu würdigen. Tipp: Die Rumflockentorte probieren! *Nov.–März Mo–Mi geschl. | Am Markt 1a (beim Rathaus) | Tel. 04971 23 14 | €€*

PLIETSCH

Durch Esens streifen nicht nur Touristen und Bären, dort sollen sogar echte Esenser leben. Wer sie nicht in ihrem natürlichen Habitat erkennt, kann sie im Plietsch beobachten und dort womöglich sogar mit ihnen ins Gespräch kommen. In dem gemütlichen Lokal essen viele Einheimische. Das liegt vermutlich an dem ausgezeichneten Essen, das vielfach Bioqualität hat *Tgl. | Bahnhofstr. 20 | Tel. 04971 9 24 82 82 | plietsch-esens.de | €€*

PETER PAN

Er wollte nie erwachsen werden. Stattdessen brät Peter Pan jetzt Fisch – und das macht er ganz ausgezeichnet. Da

Stille Mahnung des im Watt vor Esens gefundenen Skeletts: Gezeitenkalender beachten!

Essen ist frisch, der Fisch saftig, die Küche jung und experimentierfreudig. *Tgl. | Bensersiel | Taddigshörn 200 | Tel. 04971 9 24 75 70 | das-peter-pan.de | €€*

SHOPPEN

NASCHBÄR

Da ist der Bär wieder. Diesmal zum Essen: viele Produkte in Bärenform von Nudeln bis Süßigkeiten. *Steinstr. 5–7*

SPORT & SPASS

Auch bei Ebbe kann man in Bensersiel schwimmen: Vom Strand gehts ins *Meerwasserfreibad (Öffnung wetterabhängig | 2,80 Euro | Am Strand 8)*. Bei jedem Wetter geöffnet ist die ☂ *Nordseetherme (Mo–Mi 10–21, Do 11–21, Fr 10–22, Sa/So 10–20 Uhr | 8 Euro/2 Std., Tageskarte 14 Euro, mit Sauna je 5,50 Euro mehr | Bensersiel | Schulstr. 4 | bensersiel.de)*. Zur Therme gehören Therapie- und Wellness- sowie Fitnesscenter.

RUND UM ESENS

17 HAUSTIERPARK WERDUM

8 km östlich von Esens/10 Min. über die Neuharlingsieler Str. und Edenserlooger Str.

Wer hat hier Protest gerufen? Ach nein, es ist nur ein Protestschwein. Und was für eins! Die Tiere gibt es neben Wollschweinen im kleinen Haustierpark in Werdum. Und nicht nur die: Bartkaninchen lassen sich Gesichtsbehaarung stehen, auch Angoraziegen und Bronzeputen erfreuen die Besucher.

Dünen, Strand, Meeresbrise ... Man hört direkt die Wellen auf Langeoog rauschen

Wer eine der seltenen und kuriosen Tierarten gar nicht einordnen kann, bekommt auf den gut gestalteten Informationstafeln alle Erklärungen. Viele der Tiere darf man sogar streicheln – auch die Protestschweine protestieren dann nicht, sondern lassen sich ausgesprochen freundlich berühren. *Tgl. 9–17, April–Okt. bis 18 Uhr | 3 (im Winter 1) Euro, unter 16 Jahre frei | haustierpark-werdum.de |* *E–F4*

18 LANGEOOG

1 Std. mit der Fähre (langeoog.de) von Bensersiel

Auf Langeoog (2100 Ew.) herrscht beneidenswerte Ruhe, da dort keine Autos erlaubt sind. Für die Fahrt vom Hafen in den Ort braucht die Inselbahn nur sechs Minuten; Fahrräder können gleich gegenüber vom Bahnhof gemietet werden. Auffällig breit ist auf Langeoog der Dünengürtel zwischen Dorf und Badestrand, über den sich die 1500 m lange Höhenpromenade als Fußgängerweg zieht. Der höchste aller Sandberge ist die *Melkhörndüne*. Sie ragt über 21 m auf – für ostfriesische Verhältnisse ein wahrer Aussichtsberg! Besonders sehenswert ist der *Dünenfriedhof* mit dem Grab der Sängerin Lale Andersen („Lili Marleen"), deren Wahlheimat die Insel war. Schön ist eine 2 km lange Wanderung durch das 300 m breite *Pirolatal* zwischen den Dünen. Als Ziel einer Radtour bietet sich das Ausflugslokal *Meierei (Mi–Mo 11–17 Uhr | Tel. 04972 248 | falke-meierei.de | €€)* im Inselosten an. Gut essen mit regionalen und Bioprodukten kannst du im *Seekrug (Mo geschl. | Höhenpromenade 1 | Tel. 04972 383 | seekrug.de | €€€)* mit Blick aufs offene Meer und den Ort. *E–F4*

CAROLINENSIEL

(🕮 G5) **Huch, ein Hafen! Was soll der denn da? Schließlich liegt Carolinensiel (1600 Ew.) gar nicht am Meer. Das macht aber nichts – im Gegenteil: Es überrascht mit einem Museumshafen, der als schönster in Ostfriesland gilt.**

Als der Ort 1729 von holländischen Siedlern gegründet wurde, lag er noch direkt am Meer. Durch Eindeichungen wurde in den folgenden Jahrzehnten Land gewonnen, sodass 1765 der Bau einer Schleuse etwa 1 km nordwärts notwendig wurde. Weitere Neulandgewinnungen führten dann 1955–59 zur nochmaligen Verlängerung des Siels und zum Bau einer weiteren Schleuse mit einem Schöpfwerk vor dem heutigen Hafen von Harlesiel. Der Museumshafen von Carolinensiel ist umsäumt von alten Häusern und hohen Bäumen, an den Kais sind Museumsschiffe fest vertäut.

Der *Museumsweg* führt vom Sielhafenmuseum durch den Ort und an der Harle entlang nach Harlesiel. 37 Stationen informieren auf einer Strecke von 7 km über Nordseegarnelen, Windkraft sowie Sehenswürdigkeiten und die Geschichte des Orts. Pssst:

ER-TIPP
ul sein ist nderschön

Wer den Weg nicht selbst gehen möchte, kann das auch am Strand oder in der Kneipe machen und dann später mit dem Wissen beeindrucken: Unter *museumsweg.de* sind nämlich alle Informationen eingestellt.

SIGHTSEEING

DEICHKIRCHE

Ein Deich mit Kirche – wow! In Carolinensiel steht die einzige Kirche an der Küste, die auf einem Deich errichtet wurde. Die Deichkirche aus dem Jahr 1776 tarnt sich zwar unter einen grünen Berankung und hat nur einen niedrigen Turm, um Stürmen zu trotzen. Ihre Besichtigung lohnt sich aber trotzdem: Innen überzeugt sie gerade durch ihre Schlichtheit. Besonders schön sind Kanzelaltar, Orgelempore und die drei großen Segelschiffmodelle. *April–Okt. tgl. 10–17, Weihnachtsferien 10–16 Uhr | Führungen Juli/Aug. Mi 10 Uhr | Mühlenstr.*

SIELHAFENMUSEUM

Wolltest du immer schon mal ein Schiff beladen, einen Seemannsknoten knüpfen oder auf See navigieren? Dann hereinspaziert! Im Sielhafenmuseum kannst du jede Menge selbst ausprobieren. Das Museum besteht eigentlich aus vier Häusern. Die Mitmachstationen sind im Groot Hus untergebracht. Im Kapitänshaus wird das Museum zur Zeitmaschine. Es wirkt, als hätte die Familie ihr Heim nur kurz verlassen. Dort kannst du auch die Atmosphäre einer Seemannskneipe schnuppern. Zum Museum zählen außerdem die Alte Pastorei, die sich mit Schiffbau und Handwerk befasst, sowie die Rettungsstation an der Friedrichsschleuse. *Bei Redaktionsschluss wegen Umbau geschl., Wiedereröff-*

nung ca. 2022 | Am Hafen Ost und Pumphusen 3 | deutsches-sielhafen museum.de | ⏱ *2 Std.*

ESSEN & TRINKEN

SIEBZEHN80

Hier genießt du direkt am Museumshafen butterzart gebackenen Kabeljau, Gnocchi mit Koriander oder gegrillten Pfirsich mit Macadamia-Kokos-Creme zum Nachtisch. Dazu lässt du dich bequem auf befellten Bänken oder auf gemütlichen Stühlen nieder. *Mo geschl. | Am Hafen West 1 | Tel. 04464 2 06 | hotel1780.de | €€*

TÜDELPOTT

Das plattdeutsche Wort „tüdeln" bedeutet, die Zeit zu vertrödeln. Das geht besonders gut im Tüdelpott mit seinen mehr als 60 Teesorten, hausgemachten Torten und Waffeltörtchen. Dort darfst du im Sommer auf der Terrasse am Wasser und im Winter am gemütlichen Kachelofen einfach mal die Zeit vergessen. Nur einen Teebeutelwurf entfernt bieten die Inhaber eine Minigolfanlage und Tretboote an. *Tgl. | Pumphusen 10 | Tel. 04464 83 49 | tuedelpott.de | €€*

RÄUCHEREIEN 🏴

Zwei Räuchereien bieten frisch geräucherte Fische und eine Vielzahl einfacher Fischgerichte zum Mitnehmen oder zum Verzehr vor Ort: die *Küsten-Räucherei Albrecht (Mitte März–Dez. tgl. 9–20 Uhr | Friedrichsschleuse 17 | fisch-albrecht.de | €)* und *Janssen's Fisch (tgl. 9–20 Uhr | Schleusenstr. 9–10 | janssens-fisch.de | €).*

SPORT & SPASS

BPS Service *(Gerhard-Tjarks-Str. 1 | Tel. 04464 86 92 22 | bps-fahrraeder.de)* verleiht Räder, E-Bikes, Spaßmobile und Segways. Der kleine Raddampfer Concordia II *(3,50 Euro | reederei-albrecht.de)* verkehrt im Sommer täglich zwischen Museumshafen und Harlesiel. Es ist ein lauer Sommerabend und du magst einfach noch nicht ins Bett gehen? Dann wag dich in der Nacht doch bei einer Führung ins historische Carolinensiel. Der Rundgang dauert 90 Minuten und kostet 6 Euro. Informationen bei der *Touristeninformation (Tel. 04464 9 49 30 | carolinensiel.de).*

WELLNESS

CLINER QUELLE ☂

Das Sole-Erlebnisbad verfgt über zwei Solebecken, Rutschen, verschiedene Saunen und hat Fitnessangebote und Kuranwendungen im Programm. *Mo–Fr 10–21 (Do bis 22), Sa/So 10–20 Uhr | 7 Euro/3 Std., Sauna 13 Euro/4 Std. | Nordseestr. 1 | cliner-quelle.de*

RUND UM CAROLINEN-SIEL

19 SKULPTURENGARTEN FUNNIX

8 km südlich von Carolinensiel/ 10 Min. über die B 461

Ins Museum oder lieber raus in die Natur? Beides! Leonard Wübbena zeig

Es lebe die Langsamkeit: Mit dem Raddampfer geht es vom Museumshafen nach Harlesiel

hier eigene Stahlskulpturen, Werke befreundeter Künstler und Sonderausstellungen. Manch einer hat hier, wo ein Fenster ins Nirgendwo führt und ein Kringel Wasser speit, schon Zugang zur Kunst gefunden. Und wem Kunst egal ist: Auch der Garten lohnt sich. *Mitte Mai–Mitte Sept. Do–Sa 14–18, So 13–18 Uhr | 5 Euro | skulpturengarten-funnix.de | 1½ Std. |* G5

20 WITTMUND

14 km südlich von Carolinensiel/ 15 Min. über die B461

In Wittmund (21 000 Ew.) steht mit der *Peldemühle (Besichtigung n. V. | Esenser Str. 14 | Tel. 01525 1 74 97 06 | peldemuehle-wittmund.de)* der älteste noch funktionsfähige Galerieholländer in Deutschland. Mühlen können aber nicht nur Getreide mahlen: Essen kannst du in der zweiten Mühle der Stadt, der *Siuts-Mühle*. Sie beherbergt das italienische Restaurant *Die Mühle (tgl. | Auricher Str. 9 | Tel. 04462 40 51 | diemuehle.net | €€).* G6

21 WANGEROOGE

90 Min. mit der Fähre (siw-wangerooge.de) und Inselbahn ab Harlesiel

Wer gern zusieht, wie große Schiffe vorbeiziehen, sollte nach Wangerooge (1300 Ew.) fahren. Die Wasserstraßen in den Jadebusen, die Weser und die Elbe führen dicht an der Insel vorbei. Die östlichste der Ostfriesischen Inseln erlebte im April 1945 den schwersten Bombenangriff, dem die sieben Inseln je ausgesetzt waren. Nur wenige ältere Häuser wie der Bahnhof von 1906 stehen heute noch. Dort beginnt mit der Zedeliusstraße die Flaniermeile Wangerooges, die sich 600 m weit bis direkt an den Strand zieht.

Über Wangerooge und seine Geschichte informiert das *Inselmuseum (stark gestaffelte Zeiten s. Website | 3 Euro | Zedeliusstr. 3 | leucht*

Ein Schiffsmodell im Kirchenschiff: Spiekeroogs Alte Inselkirche

turm-wangerooge.de) im 1855–1859 erbauten, 39 m hohen Alten Leuchtturm. Deutsche Soldaten und ausländische Zwangsarbeiter sind in der Kriegsgräberstätte in einem Dünental am Fußweg in den Inselwesten beigesetzt. Dort steht seit 1933 der Westturm als Wahrzeichen der Insel (heute eine Jugendherberge). Und nein, es ist kein Ufo auf der Insel gelandet. Das ist nur das kreisrunde *Café Pudding (Mo geschl. | Zedeliusstr. 49 | Tel. 04469 2 20 | cafe-pudding.com | €€)* auf einer Düne. *G–H4*

22 NEUHARLINGERSIEL

8 km westlich von Carolinensiel/ 35 Min. mit dem Rad

Dir fehlt noch ein typisch ostfriesisches Urlaubsfoto? Dann ab nach Neuharlingersiel (1000 Ew.)! Dort rahmen rote Häuschen das Hafenbecken ein, blaue Straßenlaternen schaffen einen hübschen Kontrast dazu. Beliebtes Motiv: Krabbenkutter, die ihre Netze ausbreiten. Weil Neuharlingersiel keinen Sandstrand hatte, wurde eigens eine Sandfläche aufgespült. Daran schließt sich ein Grünstrand an. Einen Tagesparkplatz findest du am Fähranleger auf der Westseite des neuen Hafens.

Am alten Anleger der Spiekeroogfähre gibt die *Deutsche Gesellschaft zur Rettung Schiffbrüchiger (tgl. 10–11.30 und 14–17 Uhr | 2 Euro Spende erbeten)* in einem Schuppen Einblick in ihre Arbeit. Ehemalige Mitarbeiter öffnen die Türen und beantworten alle Fragen rund um die Seenotrettung.

INSIDER-TIPP
Wo Schiff den Bauc einzieher

Wer sich schon immer gefragt hat, wie sich winzige Schiffe eigentlich in schmale Flaschen zwängen, sollte sich an der westlichen Hafenseite im *Buddeschiffmuseum (Karwoche–Okt. tgl. 10–13 und 13.30–17 Uhr | 2 Euro | buddeschiffmuseum.de)* im Gebäude vo

Janssen's Hotel umsehen. In einer der Flaschen ist sogar ein Buddelschiffbauer bei seiner Arbeit zu sehen.
Im Süden des Hafenbeckens gelangst du durch die Sieltore, die bei Sturmfluten geschlossen werden, in den kleinen Park des *Sielhofs*. In dem wie ein Schlösschen wirkenden Bau aus dem 18. Jh. erwartet das Caférestaurant *Sielhof (Mo geschl. | Tel. 04974 9 14 80 90 | sielhof.com | €€)* Gäste. Eine kulinarische Oase ist das *Restaurant Poggenstool (Mo/Di geschl. | Addenhausen 1 | Tel. 04974 9 19 10 | poggenstool.com | €€€)*, in dessen Küche sich sicher kein Dosenöffner findet. Ein außergewöhnliches Abendlokal ist die Cafékneipe *Dattein (tgl. | Am Hafen West 13 | Tel. 04974 91 24 44 | dattein.de)* im ältesten Haus des Dorfs, in der es öfters Livemusik von Songwritern bis hin zu Shantys gibt. F–G5

23 SPIEKEROOG ★

45 Min. mit der Fähre (spiekeroog.de) ab Neuharlingersiel

Spiekeroog (knapp 800 Ew.) gilt als die ruhigste der Ostfriesischen Inseln und auch als die grünste. Das liegt an ihrem für eine Nordseeinsel ungewöhnlich reichen Baum- und Strauchbewuchs. Die Spiekerooger haben die Entschleunigung so sehr perfektioniert, dass die Insel nicht nur autofrei ist, sondern sogar Fahrräder nicht gern gesehen werden. Im Ortskern mit seinen schmalen Gassen stehen jahrhundertealte Häuser, aber auch hohe Bäume und die älteste Kirche aller Inseln. Zwischen Dorf und Strand liegt ein breiter Dünengürtel, den stellenweise Wäldchen durchziehen. Durch die Dünen führt ein Netz von Wanderwegen mit prächtigen Aussichtspunkten.
Zumindest von außen anschauen solltest du dir die *Alte Inselkirche* von 1696 zwischen den Straßen Süder- und Noorderloog. Auf ihrem Hof sind Grabsteine aus dem 18. und 19. Jh. zu sehen, zwei davon tragen schöne Segelschiffreliefs. Ein stimmungsvolles Café-restaurant ist das *Alte Inselhaus (tgl. | Süderloog 4 | Tel. 04976 4 73 | altes-inselhaus.de | €€)* in einem um 1700 erbauten Gebäude mit einem gemütlichen Garten, in dem man sich mit Tee und Kuchen verwöhnen lassen kann. F–G4

SCHÖNER SCHLAFEN IN OSTFRIESLAND

FÜNF GANZ BESONDERE ZIMMER IN LEER
Die fünf Zimmer des *Five Rooms (Königstr. 9 | Tel. 0176 23 83 08 05 | fiverooms.de | €€)* haben's alle in sich. Jedes ist unterschiedlich eingerichtet: Retro trifft auf Moderne, starke Farben auf ungewöhnliche Formen – und am Ende findet sich dann doch alles harmonisch zusammen. Direkt vor der Tür warten die Altstadt und der Museumshafen.

WOHNEN IN DER WASSERBURG
Romantiker wohnen gut und komfortabel in den beiden großen Ferienwohnungen der *Wasserburg Berum (Burgstr. | Tel. 04931 77 54 | burgberum.de | €€)* aus dem 14. Jh. knapp 10 km östlich von Norden.

FRIESLAND, JADEBUSEN, BUTJADINGEN

VERTRÄUMTER CHARME UND WUSELNDES LEBEN

Die Region rund um den Jadebusen ist voller Gegensätze. Während in Wilhelmshaven der Tourismus boomt, geht es in Butjadingen noch beschaulich zu.

Im Schloss der Stadt Jever wird die ganze Verworrenheit der (ost-) friesischen Geschichte deutlich, in deren Verlauf die Stadt nicht nur zu Friesland und Oldenburg, sondern auch zu Anhalt-Zerbst und für jeweils kurze Zeit sogar zu Dänemark, zu Frankreich und zu Russland gehörte.

Reet auf dem Dach, Rosen im Garten: Friesenhaus in Burhave in Butjadingen

Wilhelmshaven hingegen ist eine Neugründung König Friedrich Wilhelms IV. von Preußen aus der Mitte des 19. Jhs. Der Ort entwickelte sich zu einem wichtigen Marinestützpunkt, ist heute zudem Deutschlands drittgrößter Hafen und hat große Pläne für die städtische Zukunft.

Ganz ländlich und wie unberührt von der Zeit geblieben ist dagegen das Jeverland. Dasselbe gilt auch für Butjadingen, die Halbinsel am anderen, östlichen Ufer des Jadebusens.

FRIESLAND, JADEBUSEN, BUTJADINGEN

MARCO POLO HIGHLIGHTS

★ NORDSEELAGUNE IN BUTJADINGEN
Ein völlig neues Nordseegefühl vermitteln Südseestrand und Salzwasserbadesee ➤ S. 91

★ SCHLOSS JEVER
Die schönste Adelsresidenz zwischen Weser und Ems: Ledertapeten, Gobelins und eine Zwiebelhaube ➤ S. 78

★ DEUTSCHES MARINEMUSEUM
In Wilhelmshaven kannst du ein U-Boot und ein Minenjagdboot der Bundesmarine besichtigen ➤ S. 84

★ JADE-WESER-PORT IN WILHELMSHAVEN
Ein Hafen für die größten Containerschiffe der Welt ➤ S. 85

JEVER

(G6) **Jever (14 000 Ew.) ist vor allem für das gleichnamige Bier bekannt – dabei bietet der Ort noch so viel mehr. Wer nicht als Tourist auffallen möchte, spricht die Stadt übrigens mit stimmlosem „v", also als „Jefer".**

In der Altstadt schmiegen sich Häuser mit bunten Fassaden in die verschlungenen Gassen und in kaum einer Stadt sprudeln so viele Brunnen, die zudem hübsch verziert sind. Im Ort finden sich überall Spuren des Fräulein Maria von Jeverland, das die Stadt mit Geschick im 16. Jh. regierte. Die Jeveraner weigern sich bis heute zu glauben, dass sie gestorben ist – deshalb läuten sie am Abend die Marienglocke, um ihr den Weg nach Hause zu weisen.

SIGHTSEEING

SCHLOSS ★

Das Schloss solltest du dir nicht entgehen lassen: Es ist eines der schönsten im gesamten Nordwesten von Deutschland. Wer noch Ideen für seine Einrichtung sucht, findet hier Inspiration: Wie wäre es mit goldgepresster Ledertapete, flämischen Gobelins oder einer von Hand geschnitzten Decke? Wer da einmal durchatmen muss, genießt den Ausblick vom 67 m hohen Turm über das Jeverland. Durch den Park flanieren Schwäne, Pfauen und Gänse, am Abend zeigen sich dort auch mal Fledermäuse und die ein oder andere Eule. *Di–So 10–18, Turmbesteigung Mitte April–Mitte Okt. tgl. 11–17 Uhr | 6 Euro | Schlossplatz | schlossmuseum.de | 1½ Std.*

INSIDER-TIPP
Rundumblick mit Schwan, Eule und Pfau

SAGENBRUNNEN

Oh, hat sich da gerade etwa jemand bewegt? Die Bronzefiguren in einem der schönsten Brunnen in Deutschland sind beweglich. Sie stellen fünf Sagen aus dem Jeverland nach. Am spannendsten sind zwei Hexen in wilder Fahrt.

STADTKIRCHE

Jevers Stadtkirche wirkt wie ein Zwitter: Der Chor ist spätgotisch, der architektonisch sehr gelungene Neubau des Kirchenraums stammt dagegen erst aus den 1960er-Jahren. Die alte Kirche war 1959 abgebrannt, nur der Chor konnte gerettet werden. Darin steht ein prunkvoller, von einem Holzbaldachin überspannter Sarkophag, auf dem eine Figur des Friesenhäuptlings Edo Wiemken liegt, des Vaters der legendären Jeveraner Herrscherin Fräulein Maria. *Tgl. 8–17, im Sommer bis 18 Uhr | Am Kirchplatz*

JEVER-BRAUEREI

Die 32 m hohen, verspiegelten Glastürme des Friesischen Brauhauses sind ein Wahrzeichen der Stadt. Bier wird in dieser Brauerei schon seit über 150 Jahren gebraut, das besonders hopfenreiche und daher herbe Jever Pilsener seit 1934. Bei den etwa zweistündigen Führungen lernst du nicht nur die Produktionsanlagen kennen sondern besuchst auch das Brauerei

museum. Und natürlich darfst du auch mal kosten. *Führungen nach Voranmeldung im Jever-Shop oder auf der Website, Termine Mo–Fr | 9,50 Euro | Elisabethufer 18 | jever.de*

ESSEN & TRINKEN

MARIENBRÄU

Geschmackvoll eingerichtete Minibrauerei in einer historischen Apotheke. Zu unfiltrierten Bieren, darunter auch Maibock, werden deftige Speisen serviert. *Tgl. ab 17, Mai–Sept. ab 14 Uhr | Apothekerstr. 1 | Tel. 04461 74 49 90 | marienbraeu.com | €–€€*

DER BUTT

Den wohl besten Fisch in Jever bekommst du hier. Er ist so zart, dass er fast auf der Zunge zergeht. Er kommt frisch aus der Nordsee oder aus heimischen Gewässern, am besten schmeckt, wie soll es beim Namen des Restaurants auch anders sein, der Butt. *Di geschl. | Kattrepel 2 | Tel. 04461 9 18 78 92 | der-butt-fischrestaurant.de | €€*

SHOPPEN

TÖPFEREI BAUMFALK

INSIDER-TIPP **Keramik-Tick**

Werkstatt, Galerie und Verkaufsräume einer der besten Keramikwerkstätten Deutschlands. Es gibt Gebrauchswaren und Tonskulpturen. *Mo geschl. | Am Kirchplatz 17 | toepfereibaumfalk.de*

BLAUDRUCKEREI IM KATTREPEL

Herrliche Muster in Indigoblau schlingen sich über Leinen, Hanf oder Seide.

Aus den Stoffen, die Georg Stark in jahrhundertealter Handwerkskunst bearbeitet, entstehen Kleidung oder Tischtücher. *Mo–Fr 11–17, Sa 10–14 und n.V. | Kattrepel | Tel. 04461 71388 | blaudruckerei.de*

JEVER-SHOP

Etwa 150 Produkte mit dem Emblem der Brauerei: vom Rucksack bis zur Baseballmütze, vom Bierglas bis zur Bistroschürze. *Schlachtstr. 2/Von-Thünen-Ufer*

AUSGEHEN & FEIERN

Im Audienzsaal des Schlosses finden im Sommer *Kammerkonzerte* statt; Vorverkauf über die Touristinformation am Alten Markt. Wer es flatterig mag, kann an einer abendlichen *Fledermausführung (6 Euro | Anmeldung Tel. 04461 969350 | schlossmuseum.de)* rund um das Schloss teilnehmen.

HOOKSIEL

(H5) **Hooksiel (2100 Ew.) ist der schönste Hafenort an der Jademündung – hübsch, aber nicht aufgemotzt, mit Galerien, vielen Cafés und Restaurants.**

Die Häuser im Kern des schon im 16. Jh. gegründeten Orts wurden ansprechend saniert; am Alten Hafen stehen drei früher als Getreidespeicher genutzte Packhäuser von 1827. Zwischen dem denkmalgeschützten Alten Hafen und der Jademündung ist durch Eindeichungen und den Bau einer neuen Schleuse 1974 das auch Hooksmeer genannte, einem See gleichende Hooksieler Binnentief entstanden. Auf der Seeseite des hakenartigen Landstreifens, der das Binnentief vom Meer trennt, liegen die sandigen Badestrände von Hooksiel mit großem FKK-Bereich.

SIGHTSEEING

GRUSELEUM

Buh! Hahahaha! In einer alten Kirche in Hooksiel spukt es. Besucher tasten sich durch verfluchte Räume und erkunden ein Wrack. Die eine oder andere Kreatur entpuppt sich dabei sogar als lebendig ... *Stark gestaffelte Öffnungszeiten und -tage s. Website | 8 Euro, ab 19 Uhr 11 Euro | Lange Str. 6 | gruseleum.de*

MUDDERBOOT

Am Südufer des Alten Hafens liegt ein 1925 gebautes, hölzernes Mudderboot, das bis 1956 im Einsatz war. „Mudder" ist das niederdeutsche Wort für Schlick: Mit dem Boot schoben und spülten die Hooksieler den Schlick aus der Fahrrinne, um sich den Zugang zur Nordsee zu erhalten.

ESSEN & TRINKEN

ZUM SCHWARZEN BÄREN

Familie Klostermann serviert in einem 1765 gebauten Haus Fisch und Fleisch vom Lavagrill, Deichlamm, Labskaus nach Originalrezept der Kaiserlichen Kriegsmarine u. a. *Mi geschl. | Lange Str. 15 | Tel. 04425 95810 | zum-schwarzen-baeren.de | €€*

BRÜCKE

SIDER-TIPP
Der Sonntag kann kommen

Mit vielen Fischernetzen eingerichtetes Restaurant mit offener Küche und eigener Räucherei. Nicht verpassen: den liebevoll angerichteten, üppigen Brunch sonntags um 11 Uhr – aber unbedingt vorher reservieren! Große, überdachte Außenterrasse mit Blick auf viele Yachten. *Tgl. | Schleuse 2 | Tel. 04425 99 17 47 | bruecke-hooksiel.de | €€*

SHOPPEN

HOOKSIELER SCHATULLE DRACHENNEST

Mal eben durch die Luft sausen: Der Strand eignet sich perfekt, um Drachen in den Himmel zu lenken. Hier zähmst du die windigen Kumpanen und bekommst praktische Tipps, damit der Drachen nicht zum Bruchpiloten wird. *Lange Str. 38*

SPORT & SPASS

Fahrten zu den Häfen Wilhelmshavens, zu Seehundsbänken und vor die Küste von Wangerooge bietet die *Reederei Karsten Ilse (seetouristik-nordsee.de)* vom Außenhafen an der Hooksieler Schleuse aus an. Auf den *Hooksieler Skiterrassen (stark gestaffelte Zeiten s. Website | 14–18 Euro/Std., 21–26 Euro/2 Std., 2 Std. Anfängerkurs 28 Euro | An der Werft 1 | Tel. 04425 99 01 80 | wasserski-hooksiel.de)* zieht eine 830 m lange Viermastanlage auf dem Hooksmeer bis zu neun Sportler gleichzeitig in etwa zwei Minuten bei 32 km/h im Kreis übers Wasser. Wer nur selten auf das falsche Pferd setzt, kann sein Glück außerdem an der

Die Fahrrinne ist mal wieder verschlickt? Dann kam das Mudderboot in Hooksiel zum Einsatz

Backstein auf Backstein und doch nicht langweilig: das Wilhelmshavener Rathaus

Rennbahn (An der Jaderennbahn | hooksieler-rennverein.de) versuchen.

AUSGEHEN & FEIERN

MAYA'S BISTRO

Gemütlich, freundlich, günstig wie eine Studikneipe und noch dazu direkt am Hafen, häufig mit Livemusik. *Wechselnde Öffnungszeiten | Lange Str. 10*

RUND UM HOOKSIEL

1 HOHENKIRCHEN

10 km nordwestlich von Hooksiel/ 15 Min. über St. Joost

In der stattlichen Kirche *St. Sixtus und Sinicius* steht seit 1620 einer der schönsten Altäre Ludwig Münstermanns. Im Zentrum stellt der Meister den Moment beim Letzten Abendmahl dar, in dem Jesus voraussagt, dass ihn einer seiner zwölf Jünger verraten wird. Äußerst dramatisch sind Entsetzen und Verzweiflung der Jünger erfasst. *Ostern–Herbstferien Mo–Fr 9–17 Uhr, im Winter Schlüssel im Pfarramt |* *H5*

2 SCHILLIG

10 km nördlich von Hooksiel/15 Min. über Horumersiel

INSIDER-TIPP
Chillig in Schillig

In Schillig genießt du die Zeit am schönsten natürlichen Sandstrand zwischen Weser und Ems. Hier darf man sogar in den Dünen liegen. Für FKK-Anhänger sind ein Strandabschnitt, ein Bereich des Campingplatzes und Badezeiten im Solebad reserviert.

Wie eine Welle erhebt sich die *Kirche am Meer*. Die dunklen Klinker der Fassade wurden traditionell in Holzkohle gebrannt. In der Längsansicht erinnert der Bau an die Bewegungen des Meers und auf die Innenwände fällt das Licht wellenartig ein. Aus dem Kirchenkörper steigt der 22 m hohe Glockenturm wie eine Düne auf.

WILHELMSHAVEN

(□ H–J6) **Wilhelmshaven ist keine klassische Schönheit. Die Stadt (81 000 Ew.) hat den einzigen Tiefwasserhafen Deutschlands und ist zudem der größte Marinestandort. Im Frühjahr tummeln sich häufig Schweinswale in der Nordsee vor der Stadt.**

Pittoreske Idylle sucht man hier vergebens, denn die Innenstadt wurde im Krieg großflächig zerstört. Aber die Stadt putzt sich heraus, besonders mit spannenden Museen. Sie sind vor allem rund um den Südstrand angesiedelt. Wer mehrere Museen besuchen will, sollte am besten mehr als einen Tag einplanen.

SIGHTSEEING

RATHAUS

Der 100 m lange Klinkerbau (1929) des Architekten Fritz Höger, der auch das Chilehaus in Hamburg entwarf, zählt zu den Höhepunkten expressionistischer Architektur in Deutschland. Der 49 m hohe *Turm* wird als Wasserreservoir genutzt. *Rathausplatz*

KÜSTENMUSEUM AM BONTEKAI

Das Museum erklärt den Natur- und Kulturraum Küste mit seinen Sturmfluten, den Folgen der Klimaveränderung, dem Deich- und Sielbau. Hinzu kommen die kleine völkerkundliche Sammlung „Souvenirs von fremden Küsten" und ein Ausflug in die Geschichte Wilhelmshavens. *Di–So 11–17 Uhr | 5 Euro | Weserstr. 58/Bontekai | kuestenmuseum.de | ◷ 1½–2 Std.*

KAISER-WILHELM-BRÜCKE

Das Wahrzeichen Wilhelmshavens, von den Einheimischen nur K.-W.-Brücke genannt, ist eine fast zierlich wirkende, 159 m lange Drehbrücke aus Eisen. Seit 1907 verbindet die Konstruktion Zentrum und Südstrand.

NATIONALPARKZENTRUM WATTENMEERHAUS

Ein riesiges Blasloch, Bronchien wie ein Bonsaiwald und ein Genital, von dem man besser erst gar nicht spricht: Zu sehen sind die plastinierten Organe eines Pottwals, der vor Baltrum angespült wurde. Das rund 14 m lange Skelett des Tiers baumelt zudem unter der Decke.

Ein umgebautes Torpedolager aus dem Zweiten Weltkrieg ist jetzt das zentrale Ausstellungsgebäude des Nationalparks Niedersächsisches Wattenmeer mit zahlreichen Veranstaltungen für Erwachsene und Kinder. Bei einem Computerspiel können Besucher versuchen, sich wie ein Wal auf

Er lockt Meeresriesen an: Im Jade-Weser-Port ist Platz für die größten Containerschiffe

der Reise vom Nordmeer zu den Azoren zu orientieren, ohne in der Nordsee zu stranden. Im 2. Stock lassen sich verschiedene Windstärken simulieren, Fische aus der Region schwimmen in kleinen Aquarien und Vogelpräparate sind zu sehen. Mit einer Holzeisenbahn können nicht nur Kinder die Reisen der Zugvögel nachspielen. Über den begehbaren Krabbenkutter „Dagmar", der bis 1990 auf See war, gelangt man in die 3. Etage mit der begehbaren Originalhütte des Vogelwarts der unbewohnten Insel Norderoog. Und vom Panoramadeck auf dem Dach aus überblickst du die Stadt und den gesamten Jadebusen; Fotografen bekommen von hier die Schiffe des Marinemuseums als Luftaufnahme aufs Bild. *April–Juni und Sept./Okt. tgl., Nov.–März Di–So 10–17, Juli/Aug. tgl. 10–18 Uhr | 6,50 Euro, Kinder 3 Euro | Südstrand 110b | wattenmeerhaus.de | 2–3 Std.*

DEUTSCHES MARINEMUSEUM

Wie eng und beklemmend es in einem U-Boot ist, das erlebst du hier hautnah. Zum Marinemuseum gehören mehrere begehbare Schiffe, darunter ein Zerstörer und ein Minenjagdboot. Anschaulich erzählt werden die Geschichte der deutschen Marine und die Bedingungen, unter denen Matrosen auf See sowie auch ihre Angehörigen lebten. *Tgl. 10–17, Mai–Okt. bis 18 Uhr | 12,50 Euro | Südstrand 125 | marinemuseum.de | 2 Std.*

AQUARIUM

Wusstest du schon, dass Fischen in der Antarktis Frostschutzmittel durch die Adern schwimmt? Wolltest du dir schon immer mal einen Kuhnasenrochen anschauen oder vor einer 20 cm großen Asselspinne zurückschrecken? Im Aquarium leben außerdem Haie, Kugelfische, Pinguine, Seehunde und weitere Bewohner von Meer und Küste. *Tgl. 10–18 Uhr | 14 Euro, Kinder 10 Euro | Am Südstrand 123 | aquarium-wilhelmshaven.de | 2 Std.*

HAFENRUNDFAHRTEN

Fahrten zum Marine- und Ölhafen sowie zum Jade-Weser-Port werden mit der MS Harle-Kurier im Sommer täglich ab Südstrand (Helgolandkai) angeboten. *Reederei Warrings | 11,50–14,50 Euro | reederei-warrings.de*

JADE-WESER-PORT ★

Wenn in China ein Sack Reis umfällt, dann interessiert das hier womöglich sehr wohl: Am Jade-Weser-Port dreht sich alles rund um Logistik. Der erste Tiefwasserhafen in Deutschland ermöglicht es, dass riesige Schiffe in Wilhelmshaven anlanden. 2012 eröffnet, blieb er bislang aber noch hinter den Erwartungen zurück. Für Technikinteressierte lohnt sich auch eine *Hafenbustour (Mo, Do und Sa 14 Uhr | 7,50 Euro)* vom *Infocenter (Do–Di 10–18 Uhr | 4 Euro, Kombiticket mit Hafenbustour 10 Euro | Am Tiefen Fahrwasser 11 | jadeweserport-infocenter.de)* durchs Hafengelände.

ESSEN & TRINKEN

HARBOUR VIEW

Lust auf Extravagantes wie Rumpsteak mit Lakritz-Orangen-Senf und danach Sorbet von Ostfriesentee mit einer

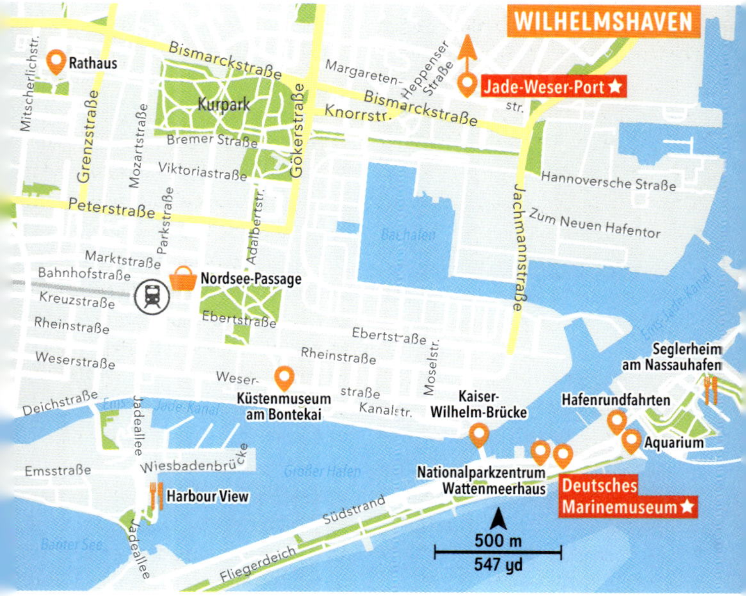

Mit der „Etta von Dangast" geht es zu Seehundsbänken und auf den Jadebusen

Sanddornemulsion? Vom Restaurant des Hotels Atlantic aus ist zudem der Blick über den Hafen auf die Kaiser-Wilhelm-Brücke besonders schön. Mehr als ein Dutzend gute Weine werden auch glasweise ausgeschenkt. *Tgl. | Jadeallee 50 | Tel. 04421 77 33 80 | atlantic-hotels.de | €€€*

SEGLERHEIM AM NASSAUHAFEN

Ein wenig im touristischen Abseits gelegenes Restaurant mit Sonnenterrasse direkt am Yachthafen. Viele gute Fischgerichte, große Portionen, sehr gutes Preis-Leistungs-Verhältnis. Besonders lecker sind das Steinbeißerfilet mit Knoblauchöl und die Scholle mit Speckwürfeln, eher deftig die grünen Heringe, die mit Bratkartoffeln am besten schmecken. *Tgl. | Schleusenstr. 23 | Tel. 04421 4 31 43 | seglerheim-wilhelmshaven.de | €€*

SHOPPEN

NORDSEE-PASSAGE ☂

Das Wetter ist schlecht und du hast gerade wirklich keine Lust auf Museum? Hier lässt es sich auf zwei Etagen am Bahnhof unabhängig vom Wetter gut shoppen und flanieren. 60 Geschäfte auf 35 000 m² Fläche, dazu ein großes Parkhaus. *Bahnhofsplatz 1 | nordseepassage.de*

SPORT & SPASS

Zum Schwimmen und Saunieren verlockt das ☂ Erlebnisbad *Nautimo (Mo–Fr 10–20.45, Sa/So 9–20.45 Uhr | 5–9 Euro, mit Sauna 14–19 Euro, Kinder ab 4 Euro | Friedensstr. 99 | nautimo.de)* mit einer Kletterwand überm Wasser, 3-m-Sprungturm und zwei über 100 m langen Rutschen. Ein besonderes Erlebnis sind dreistündige Vollmondfahrten *(16 Euro | ab Helgolandkai | reederei-warrings.de)* auf dem Jadebusen mit der MS Harle-Kurier.

INSIDER-TIPP
Mondschein mit Meeresbewohnern

AUSGEHEN & FEIERN

Zentrum des Wilhelmshavener Nachtlebens ist der Börsenplatz. Heimelig ist es z. B. im *Kling Klang (tgl. | Börsenstr. 73 | kling-klang-online.de)*, wo in Studentenkneipenatmosphäre häufig kleine Bands spielen. Eine der gemütlichsten Kneipen ist das *Saxofon (tgl. ab 18 Uhr | Am Börsenplatz)* mit einer üppigen Weinkarte. Edlen Schick sollte man hier allerdings nicht erwarten, sondern eher eine urige Kneipe. Im Sommer spielen viele Bands kostenlos vor dem Kulturzentrum Pumpwerk *(Banter Deich 1 | pumpwerk.de)* – insbesondere mittwochs. Drinnen gibt es Jazz-, Rock- und Popkonzerte, Kleinkunstevents, Kabarett und Dichterlesungen.

RUND UM WILHELMSHAVEN

3 DANGAST

34 km südlich von Wilhelmshaven/ 30 Min. über die A29

Das Nordseebad in der südwestlichen Ecke des Jadebusens sollten sich vor allem Kunstfreunde nicht entgehen lassen. In dem Städtchen lebten und arbeiteten von 1907 bis 1912 mehrere bekannte deutsche Expressionisten der Gruppe „Die Brücke", darunter Erich Heckel, Max Pechstein und Karl Schmidt-Rottluff. Und von 1921 bis zu seinem Tod 1983 wirkte hier Franz Radziwill, ein Meister des Magischen Realismus. In seinem ehemaligen *Wohnhaus (Mitte März–Okt. Mi–Fr 15–18, Sa/So 11–18 Uhr | 5 Euro | Sielstr. 3 | radziwill.de)* gibt es jährlich wechselnde Ausstellungen seiner Werke.

Auch heute ist Dangast der bildenden Kunst zugetan: Künstler der Gegenwart werden vom Wirt der *Gaststätte Altes Kurhaus (Fr–So 9–19 Uhr | kurhausdangast.de)* am Deich beim Hafen gefördert; auf dem Außengelände sind moderne Plastiken zu sehen, an den Wänden hängen Werke bekannter und unbekannter Maler. Das Alte Kurhaus ist auch eine der acht Stationen des *Dangaster Kunstpfads* quer durch den Ort; außerdem beginnt hier ein *Skulpturenpfad*, der die Schöpfungsgeschichte zum Thema hat und über 14 Stationen bis nach Eckwarderhörne reicht *(kunstamdeich.de)*. Nicht entgehen lassen solltest du dir den Rhabarberkuchen, der im Kurhaus bereits in der vierten Generation gebacken wird. Von dort aus blickt man über den Hafen und den Sandstrand, aus dem sich als Kunstwerk ein mächtiger Phallus aus Stein erhebt – kein Witz.

INSIDER-TIPP
Kunst und Kuchen im Kurhaus

Aus dem etwa 200 m weiter nördlich gelegenen Hafen läuft die kleine „Etta von Dangast" in der Saison mehrmals täglich zu Fahrten auf dem Jadebusen und zu Seehundsbänken aus *(3 Std. | 16–25 Euro | ettavondangast.de)*. Aus großer Tiefe stammt die Sole, die Innen- und Außenbecken des *Dangast-Quellbads (Sommer tgl. 10–20, Winter Mo–Fr 14–20, Sa/So 10*

–20 Uhr | bis 1½ Std. 3,50 Euro, bis 3½ Std. 5,85 Euro, Tageskarte 10,50 Euro | Edo-Wiemken-Str. 61 | dangast.de) mit 30 Grad warmem Wasser speist. Auch eine 75 m lange Rutsche ist vorhanden. Viele Tages- und Wochenendkurse im Zeichnen und Malen bietet die *Akademie Dangast (akademie-dangast.de)* an. *J7*

4 MUSEUM SPIJÖÖK IN VAREL

32 km südlich von Wilhelmshaven/ 30 Min. über die A 29

Das ist doch gemein: Da will man unterwegs mal Schnaps brennen, aber es kommt einfach keine Brennerei in Sicht. Doch Hilfe naht: Eine tragbare Schnapsbrennerei und weitere Spinnereien findest du im Spijöök am Vareler Hafen. In dem Museum für Kuriositäten, das mit selbst gebauten Ausstellungsstücken vollgestopft ist, lernst du die wahre Wahrheit kennen – denn eigentlich ist alles ganz anders, als du es früher in der Schule gelernt hast … Bei den Exponaten, die vermeintlich aus der deutschen Geschichte stammen, handelt es sich beispielsweise um das Klofenster der Titanic oder um eine Kilo-Watt-Maschine, die sich mit Nordseewatt antreiben lässt. Alles Quatsch? Natürlich! Das Museum für Seemannsgarn lässt sich am besten im Rahmen einer Führung erkunden. *Mitte Mai–Mitte Sept. Sa/So 15–17 Uhr, Gruppen auch n. V. | 4 Euro | Varel | Kohlhof 5 | Tel. 04451 44 88 | spijöök.de | 2 Std. | J7*

INSIDER-TIPP
Versponnener Quatsch, wohldosiert

BUTJADINGEN

(J–K6) **Zwischen Jadebusen und Wesermündung liegt die Halbinsel Butjadingen.**

Als der Jadebusen zwischen 1334 und 1511 durch Sturmfluten entstand und vorübergehend sogar bis zur Weser vorgedrungen war, machte er das Butjadinger Land zur Insel. Erst durch Eindeichungen stellten seine Bewohner im 16. Jh. wieder eine Landverbindung zum südlich gelegenen Stadland her. Die Dörfer auf der Halbinsel bilden heute zusammen die Gemeinde Butjadingen. Im übrigen Deutschland ist diese Region kaum bekannt. So erlebst du dort noch echte Ruhe.

SIGHTSEEING

ECKWARDERHÖRNE

Von der Strandhalle auf dem Deich des zu Eckwarden gehörenden Dorfs

aus kannst du bei klarer Sicht den ganzen Jadebusen überblicken. Im Sommer verkehrt eine Fahrrad- und Personenfähre zwischen dem Ort und Wilhelmshaven. Der flach abfallende Grünstrand gilt als Geheimtipp. Es lohnt sich, hier auszuharren: Am Abend genießt du einen traumhaften Sonnenuntergang.

INSIDER-TIPP
Schlaf gut, liebe Sonne!

LANGWARDER GRODEN

Auf einem Bohlenweg über zeitweise überflutete Flächen balancieren oder sich über Brücken und Stege wagen: Der Langwarder Groden ist ein Paradies für Vögel – und deren Beobachter. 6 km Wege mit Beobachtungsständen quer durch Salzwiesen sind angelegt.

FEDDERWARDERSIEL

In Butjadingens schönstem Hafen liegen heute noch etwa zehn Krabbenkutter, die bei gutem Wetter bis zur nordfriesischen Insel Amrum tuckern, um frischen Granat aus dem Meer zu holen. Die Südseite des Hafens säumen mehrere Gebäude aus dem 19. Jh., als Fedderwardersiel noch ein bedeutender Handelshafen war. Hier startet im Sommer der kleine Dampfer *Wega II (cassen-eils.de)* zu Ausflugsfahrten zu den Seehundsbänken, nach Bremerhaven oder zur größten Kormorankolonie der Nordsee auf einem alten Leuchtturm.

NATIONALPARKHAUS MUSEUM BUTJADINGEN

Wie funktioniert das eigentlich mit Ebbe und Flut? Schau es dir doch einfach selbst am Gezeitenmodell an. Im Museum erfährst du auch, wie das Land entwässert wurde, das zum Teil unter dem Meeresspiegel liegt. *Mitte März–Nov. und 27. Dez–6. Jan. tgl. 10–17, Feb.–Mitte März Di–So 10–16 Uhr | 5,50 Euro | Fedderwardersiel | Am Hafen 4 | nationalparkhaus-wattenmeer.de | ⏱ 1½ Std.*

Bohlenweg im Langwarder Groden: einmal bis zum Horizont und zurück

Auf den Deichen sind besonders umweltfreundliche Rasenmäher im Einsatz

ESSEN & TRINKEN

EKKE NEKKEPENN

Café und friesische Teestube in einem Bauernhaus aus der Mitte des 19. Jhs. In mehreren kleinen Räumen mit Gartenblick findest du regionale Bücher zum Schmökern und kannst unter dem gleichen Dach auch vielerlei Teesorten, Schafs- und Ziegenkäse sowie zahlreiche weitere norddeutsche Produkte – meist in Bioqualität – kaufen. Im Sommer sitzt du im Rosengarten oder unter alten Bäumen. *Tgl. 14–17 Uhr | Langwarden | Burmeidsweg 1 (abseits der Straße nach Burhave) | teekontor-nordsee.de*

HOF IGGEWARDEN

Eintöpfe, Grillteller, Fisch und Granat sind die Markenzeichen der Küche des Restaurants auf einem früheren Bauernhof. Davor oder danach kannst du dich beim Friesengolf austoben: Dabei manövrierst du einen Ball quer über eine Tierweide in eingegrabene Töpfe – und zwar mit einem Stiel, an dem ein Stiefel angebracht ist. Die Schafe und Ziegen dürfen gestreichelt und gefüttert werden. Mit Hofladen. *Tgl. | Iggewarden 1 | Zufahrt von der Straße Burhave–Langwarden | Tel. 04733 3 17 | hof-iggewarden.de | €€*

INSIDER-TIPP
Gib Gummi!

LANDHAUS TETTENS

Frische regionale Küche steht im Mittelpunkt des Restaurants in einem Reetdachhaus von 1737, das Gourmets ebenso wie Radausflügler anspricht. Kleine Gerichte oder Kaffee und Kuchen gibt es im Sommer auch auf der Terrasse. *Mo/Di geschl. | Tettens | Am Dorfbrunnen 17 | Tel. 04731 3 94 24 | landhaus-tettens.de | €€*

SHOPPEN

DEICHSCHÄFEREI FELDHAUSEN

Hier bekommst du nicht nur kuschelig-warme Socken oder Jacken aus Schafswolle, sondern auch Felle und Babyspielzeug. *Langwarden | Feldhauser Str. 2 | Tel. 04733 14 55 | deichschaeferei-feldhausen.de*

SPORT & SPASS

Neben Fahrrädern kannst du an acht Stationen auch Tretmobile und E-Bikes ausleihen. Einzigartig an der Küste ist die ★ *Nordseelagune (Mai–Sept. tgl. 10–18 Uhr | 5,50 Euro, mit Gästekarte 3,50 Euro, Familienkarte 15/11 Euro | nordseelagune.de)* zwischen Burhave und Fedderwardersiel. Wasser da, Wasser weg – oder doch da? Die Butjadinger haben einfach die Ebbe abgeschafft: Zwischen Deich und Watt erstreckt sich ein künstlicher Salzwassersee, dessen heller Strand an die Südsee erinnert – na ja, fast jedenfalls. Im *Aqua Mundo (So–Do 10–20, Fr/Sa 10–21 Uhr | 19 Euro/3 Std. | Strandallee 36 | centerparcs.de)* in Tossens sorgen die 300-m-Rutschen für Schwung. Auch eine Wildwasserbahn, ein Wellenbad und eine Sauna trösten an Regentagen über das Wetter hinweg.

STRÄNDE

Butjadingen verfügt auf kleinem Raum über ganz unterschiedliche Bademöglichkeiten. Tossens hat einen breiten Sandstrand, der sich perfekt eignet, um Burgen aufzutürmen. Gepflegte, ebenfalls eintrittsfreie Strände, an denen die Strandkörbe auf Rasen stehen, bieten Burhave und Eckwarderhörne.

RUND UM BUTJADINGEN

5 MOORSEER MÜHLE

16 km südöstlich von Fedderwardersiel/20 Min. über Stollhamm

Der dreistöckige Galerieholländer von 1904 ist noch voll funktionstüchtig. Besonders lohnt sich ein Besuch dienstags und mittwochs: Dann backen Kinder und Erwachsene selbst in der Schaubäckerei. *April–Okt. Di–So 10–17 Uhr, Di/Mi 11 Uhr Backtag, Nov.–März So 14–17 Uhr | 3 Euro, Backen 4 Euro | Abbehausen | Butjadinger Str. 132 | museum-moorseer-muehle.de |* K6

INSIDER-TIPP
Backe, backe Kuchen

Ein Rad ist dir zu oldschool, ein E-Bike zu wenig sportiv? Bitte sehr: Tretmobile in Burhave

ZWISCHEN WESER UND ELBE

EIN HAUCH VON WEITER WELT

Egal, wo du dich gerade aufhältst: Die Luft riecht hier überall nach Meer und das Wasser ist nie weit. An die Küste brandet die Nordsee, bei Bremerhaven mündet die Weser und Cuxhaven erstreckt sich zwischen Elbmündung und Meer.

Bremerhaven verströmt eher spröden Charme. Kein Wunder: Die Stadt ist im Zweiten Weltkrieg fast vollständig zerstört worden. Das macht sie aber durch eine große Auswahl an hochattraktiven Museen wett: So brichst du im Klimahaus zu einer Weltreise auf und erlebst im Aus

Rund um den Alten Hafen konzentriert sich (fast) alles Sehenswerte in Bremerhaven

wandererhaus am eigenen Leib die Emigration nach Amerika: Für rund 7,2 Mio. Menschen war Bremerhaven einmal das Tor zur Neuen Welt. In und um Cuxhaven sind vor allem die langen Sandstrände herrlich; außerdem ist die Stadt idealer Startpunkt für ausgedehnte Radtouren ins Umland. Zwischen den beiden Städten ist es beschaulich: Wer Entspannung sucht, findet sie in den kleinen Örtchen entlang der Küste zwischen den beiden Hansestädten. Sehnst du dich nach Zerstreuung, bist du von hier aus schnell wieder in der Stadt.

ZWISCHEN WESER UND ELBE

MARCO POLO HIGHLIGHTS

★ DEUTSCHES AUSWANDERERHAUS
In Bremerhaven kannst du am eigenen Leib erfahren, was Auswanderer nach Übersee einst alles erlebten ➤ S. 96

★ DEUTSCHES SCHIFFFAHRTSMUSEUM
Geschichte und Gegenwart der Seefahrt sind in Bremerhaven beim Betreten der Schiffe hautnah zu erleben ➤ S. 98

★ KLIMAHAUS 8 GRAD OST
Auf dem achten Längengrad unternimmst du in Bremerhaven eine Weltreise durch Arktis und Wüste ➤ S. 97

★ MUSEUMS-U-BOOT WILHELM BAUER
Wie eng ist es eigentlich an Bord eines U-Boots? Finde es selbst heraus im Museumshafen von Bremerhaven ➤ S. 98

★ ZOO AM MEER
In Bremerhavens Tiergarten haben Eisbären, Pinguine und Seehunde ihr maritimes Zuhause ➤ S. 96

★ NEUWERK
Zu Fuß oder mit dem Wattenwagen geht es bei Ebbe zur Insel in der Elbmündung und zurück per Schiff nach Cuxhaven ➤ S. 106

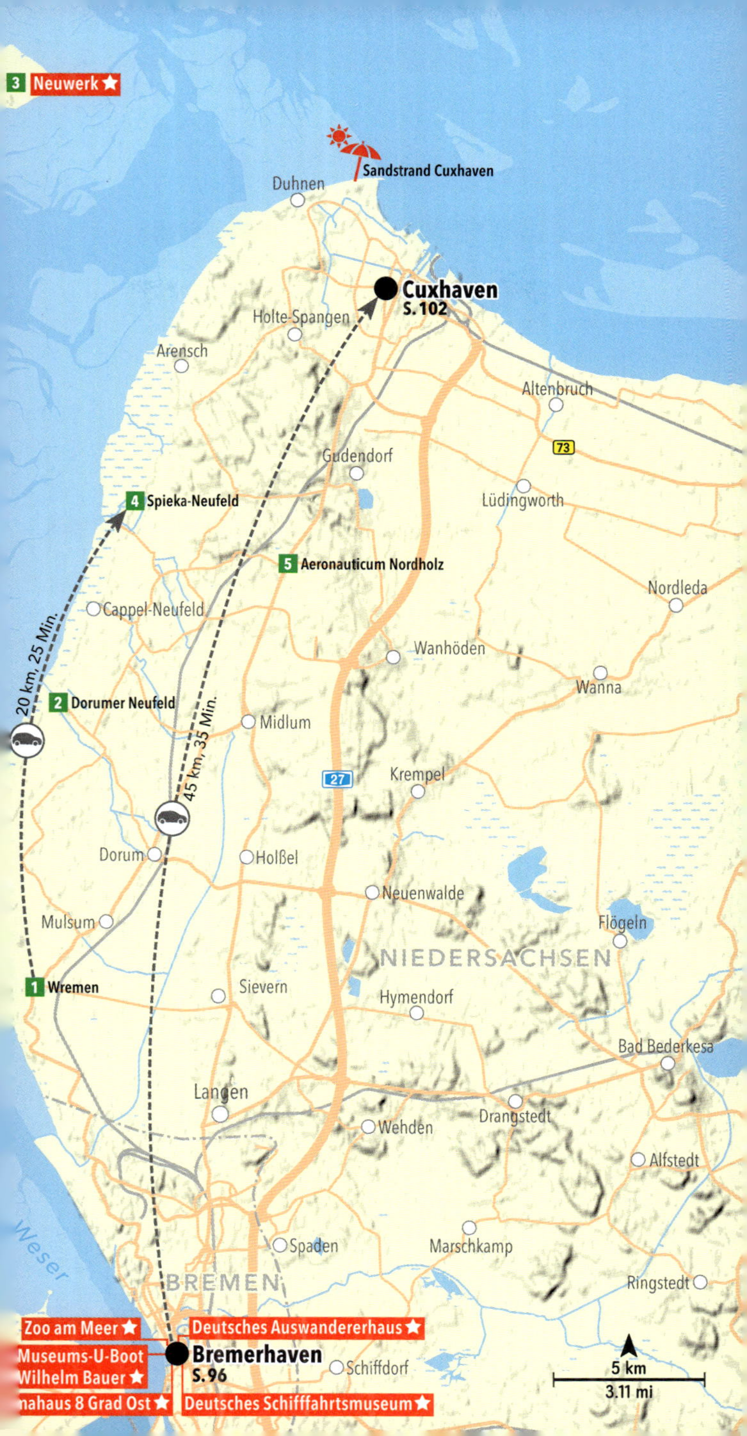

3 Neuwerk
Sandstrand Cuxhaven
Duhnen
Cuxhaven
S. 102
Holte-Spangen
Arensch
Altenbruch
73
Gudendorf
Lüdingworth
4 Spieka-Neufeld
5 Aeronauticum Nordholz
Nordleda
Cappel-Neufeld
Wanhöden
Wanna
20 km, 25 Min.
2 Dorumer Neufeld
Midlum
45 km, 35 Min.
27
Krempel
Dorum
Holßel
Neuenwalde
Mulsum
Flögeln
NIEDERSACHSEN
1 Wremen
Sievern
Hymendorf
Bad Bederkesa
Langen
Drangstedt
Wehden
Alfstedt
Weser
Spaden
Marschkamp
BREMEN
Ringstedt
Zoo am Meer
Deutsches Auswandererhaus
Museums-U-Boot
Wilhelm Bauer
Bremerhaven
S. 96
Schiffdorf
5 km
3.11 mi
nahaus 8 Grad Ost
Deutsches Schifffahrtsmuseum

BREMER-HAVEN

(📖 L6) **Bremerhaven (114 000 Ew.) gehört nicht zu Niedersachsen, sondern zum Zwei-Städte-Staat Bremen. Die größte Stadt der Nordseeküste ist nach Hamburg Deutschlands geschäftigster Handelshafen.**
Ihre wichtigsten Wirtschaftsstandbeine sind heute der Containerhafen und die Autoverladeanlage, über die ein Großteil der deutschen Automobilimporte und -exporte erfolgt. Zudem besitzt die Stadt Deutschlands bedeutendsten Fischereihafen. Doch auch Museen und Sehenswürdigkeiten gibt es in Bremerhaven reichlich: Du kannst hier leicht mehrere Tage in Ausstellungen verbringen, ohne auch nur alle Highlights gesehen zu haben. Die maritime Ausrichtung Bremerhavens zeigt sich auch an der Hochschule und an so renommierten Forschungseinrichtungen wie dem Alfred-Wegener-Institut für Polar- und Meeresforschung.

WOHIN ZUERST?

Havenwelten: Touristischer Dreh- und Angelpunkt sind die Havenwelten. Eine riesige Tiefgarage bietet hier ausreichend Parkplätze. Einer ihrer Ausgänge führt direkt auf die Haven-Plaza zwischen Klimahaus und Mediterraneo. Wer mit der Bahn anreist, nimmt ab Hauptbahnhof die Stadtbuslinien Nr. 501, 502, 505 oder 508.

SIGHTSEEING

ZOO AM MEER ★

Großzügige Gehege und Wasserbecken mit großen Scheiben vermitteln hier ein Gefühl von Freiheit. Dahinter tummelt sich alles, was rund ums Wasser und im Norden der Welt lebt: nicht nur Pinguine, Otter und Seehunde, sondern auch Eisbären. International bekannt wurde der eigentlich kleine Zoo durch seine Pinguine: Bei den Humboldt-Pinguinen herrschte Männerüberschuss. Dort fanden sich alsbald schwule Pärchen zusammen, die statt Eiern Steine bebrüteten. Auch aus anderen Zoos beschaffte Weibchen brachten die männlichen Paare nicht mehr auseinander. Als 2009 ein heterosexuelles Pärchen ein Ei verstieß, brüteten die Männchen „Z" und „Vielpunkt" es kurzerhand aus und zogen gemeinsam das Jungtier groß. Für Unterhaltung sorgen auch die Schimpansen und der Blick von der Caféterrasse auf den Schiffsverkehr in der Wesermündung. *April–Sept. tgl. 9–19, März und Okt. 9–18, Nov.–Feb. 9–16.30 Uhr | 9 Euro, Kinder 5,50 Euro, Mo 7/4 Euro | Hermann-Heinrich-Meier-Str. 5 | zoo-am-meer-bremerhaven.de | 2–3 Std.*

INSIDER-TIPP Geht doch: Ehe für alle

DEUTSCHES AUSWANDERERHAUS ★

Schon mit der Eintrittskarte verwandelst du dich in einen Emigranten wartest in Bremerhaven auf dein Schiff, erlebst die stürmische Überfahrt an Bord und die US-Einreisepro

Weltkugel am Auswandererhaus: Hier erlebst du eine Reise von der Alten in die Neue Welt

zedur auf Ellis Island. Erlebniseffekt und Hintergrundinformation gehen dabei eine spannende Verbindung ein. Im Erweiterungsbau ist das „Erste Jahr in der Neuen Welt" Thema. *Tgl. 10–17, März–Okt. bis 18 Uhr | 15,80 Euro | Columbusstr. 65 | dah-bremerhaven.de | 2–3 Std.*

KLIMAHAUS 8 GRAD OST ★

Ist da etwa ein gigantisches Schlauchboot in Bremerhaven gestrandet? Im Innern hält es eine Weltreise parat: Besucher bewegen sich hier einmal entlang des achten Längengrads von Bremerhaven aus um die Welt. In diesem Museum schwitzt du in der Sahara und frierst in der Antarktis. Nimm dir ausreichend Zeit, da es jede Menge zu sehen, zu erleben und auszuprobieren gibt. Besucher verwandeln sich hier schon mal in Käfer, die sich durch riesige Grashalme kämpfen, die überall aus dem Boden zu sprießen scheinen – ein Erlebnis! Wer das Ticket vorab online bucht, spart sich die mitunter lange Wartezeit an der Kasse. *März–Juni Mo–Fr 12–18, Sa/So 11–18, Juli/Aug. Mo–Fr 9–19, Sa/So 10–19, Sept.–Feb. tgl. 10–18 Uhr | 17,50 Euro, Kinder 13 Euro | Am Längengrad 8 | klimahaus-bremerhaven.de | mindestens 4 Std.*

AUSSICHTSPLATTFORM SAIL CITY

Aus fast 80 m Höhe ist der Blick über Nordseeküste und Meer überwältigend! *April–Sept. tgl. 9–21, Okt.–März 10–17 Uhr | 4 Euro | Am Strom 1 | havenwelten-bremerhaven.de | 30 Min.*

MUSEUMS-U-BOOT WILHELM BAUER ★ ☂

Hast du eigentlich Platzangst? Hier kannst du es herausfinden. Ein Gang durch das über 76 m lange, aber nur 6,60 m breite Unterseeboot U 2540 aus dem Zweiten Weltkrieg macht deutlich, in welcher Enge und unter welchem Lärm und Ölgestank U-Boot-Fahrer ihre Höllenfahrten machten. *Tgl. 10–18, Mitte Mai–Mitte Sept. bis 19 Uhr | 3,50 Euro | Museumshafen | u-boot-wilhelm-bauer.de | 1½ Std.*

DEUTSCHES SCHIFFFAHRTSMUSEUM ★

Hier kann man die Luxuskabine eines Passagierschiffs aus dem Jahr 1912 sehen und das Mittelschiff eines Seitenraddampfers von 1881 betreten. Größter Stolz des Museums ist eine 1380 auf der Weser gesunkene Hansekogge, die 1962 geborgen wurde. Ein Anbau ist Fischerei, Sportschifffahrt und Walfang gewidmet. Besondere Attraktion ist das Skelett eines Pottwals. Im Museumshafen liegen der Walfänger „Rau IX", der Hochseebergungsschlepper „Seefalke" und das Feuerschiff „Elbe 3". *Di–So, Mitte März–Okt. tgl. 10–18 Uhr, Schiffe nur Mitte März–Okt. | 6 Euro | Hans-Scharoun-Platz 1 | dsm.museum | 1½ Std., mit Besichtigung der Schiffe länger*

HAFENBUS ☂

Ein Doppeldecker-Cabriobus fährt ganzjährig anderthalb Stunden lang durch den Überseehafen zum Containerterminal, zum Autoterminal und zur Lloydwerft. So gewinnst du Eindrücke in Bereiche, die sonst nicht öffentlich zugänglich sind. *Wechselnde Zeiten s. Website | 13 Euro | Abfahrt Deutsches Schifffahrtsmuseum | bremerhaven.de*

RADARTURM

65 m hoch und schon für 1 Euro zu haben: der Blick vom Radarturm am Alten Hafen über Bremerhaven. *Mi–So 11–18 Uhr | Am Alten Vorhafen 1*

HISTORISCHES MUSEUM

Im Museum erlebst du nicht nur eine komplette historische Werft, Kältemaschinen und einen Luftschutzkeller aus dem Zweiten Weltkrieg, sondern auch eine begehbare Hafenkneipe. Hier lernst du erlebnisreich die Geschichte der Stadt kennen – und das sogar kostenlos. *Di–So 10–17 Uhr | Eintritt frei | An der Geeste 1 | historisches-museum-bremerhaven.de | 1 Std.*

EXPEDITION NORDMEERE – FISCHEREIWELTEN BREMERHAVEN ☂

Die Ausstellung vermittelt Wissen anhand von ausleihbaren Tablets mit einer Expeditionsapp. Dabei zeigen sich bizarre Kreaturen aus der Tiefsee ebenso greifbar wie Erkenntnisse aus der Forschung. *Tgl. 10–18 Uhr | 4 Euro, Kinder ab 8 Jahre 3 Euro | Forum Fischbahnhof | Am Schaufenster 6 | 45 Min*

PHÄNOMENTA ☂

Hier können Kinder und Erwachsene Phänomenen aus Natur und Technik auf die Spur kommen. Besucher werfen farbige Schatten, ein Fass rollt wie ein Bumerang zurück, ein Trommelschlag löscht durch seine Schallwellen eine Kerze aus – einfache Experimen-

te, die aber ziemlich verblüffen. *Tgl. 10–18 Uhr | 7 Euro, Kinder 3,50 Euro | Schaufenster Fischereihafen | Hoebelstr. 24 | phaenomenta-bremerhaven.de | 2 Std.*

CONTAINER-AUSSICHTSPLATTFORM

Von hier aus kannst du kostenlos die Arbeit im Containerhafen verfolgen. *März–Okt. rund um die Uhr frei zugänglich | Parkplatz Nordschleuse*

MUSEUM DER 50ER-JAHRE

Das einzigartige und äußerst liebenswert gestaltete Museum ist auf dem Gelände der ehemaligen US-Kaserne im Stadtteil Weddewarden untergebracht. Bis ins Detail originalgetreu gestaltet sind typische Wohnlandschaften aus den 1950er-Jahren – eine Küche, eine Tankstelle, eine Kneipe, eine Amtsstube, ein Friseursalon und eine Arztpraxis. In Vitrinen sind Mode, Design und Alltagsgegenstände aus jener Zeit des deutschen Wirtschaftswunders zu sehen. Für informative Texte dazu hat die Uni Bremen gesorgt. Tipp: ein Picknick auf der Empore machen! Für 1 Euro pro Person und Stunde kannst du dort mitgebrachte Speisen und Getränke verzehren und dabei das Ambiente der 1950er genießen. *April–Okt. So 11–17 Uhr | 4,50 Euro | Amerikaring 9 | museum-der-50er-jahre.de*

HAFENRUNDFAHRTEN

Ganzjährig ab Anleger Neuer Hafen Süd in die Überseehäfen, im Sommer ab Seebäderkaje zum Containerterminal und zur Columbuskaje *(11,50 Euro | hafenrundfahrt-bremerhaven.de)*. Von April bis Oktober werden außerdem Fahrten durch den Fischereihafen ab Anleger Fischereihafen-Südkaje angeboten *(10 Euro | Schaufenster Fischereihafen | bremerhaven.de)*.

ESSEN & TRINKEN

SEEFISCHKOCHSTUDIO

INSIDER-TIPP
Verfischt noch mal!

Erst eine einstündige Kochshow, dann ein kalt-warmes Fischbuffet. Gute Anleitungen und viele hilfreiche Tipps, um Fisch selbst zuzubereiten. Nur zu ausgewählten Terminen, Anmeldung erforderlich! *Forum Fischbahnhof | Am Schaufenster 6 | Tel. 0471 9 32 33 21 | seefischkochstudio.de | €€€*

NATUSCH FISCHEREIHAFEN-RESTAURANT

Lutz Natusch ersteigert den Fisch für sein maritim eingerichtetes Restaurant direkt auf der nur 200 m vom Lokal entfernten Bremerhavener Fischauktion. Das Essen wird raffiniert zubereitet – wie wäre es z. B. mit einem in Kapernbutter gebratenen Rochenflügel? *Mo geschl. | Am Fischbahnhof 1 | Fischereihafen | Tel. 0471 7 10 21 | natusch.de | €€€*

TREFFPUNKT KAISERHAFEN

„Die letzte Kneipe vor New York" nennt sich die Gaststätte mit dem großen Salzwasseraquarium im Innenraum. Täglich gibt es neben viel Fisch und Steaks auch Labskaus und häufig maritime Livemusik. *Tgl. | Franziusstr. 92 | Tel. 0471 4 22 19 | treffpunktkaiserhafen.de | €€*

SHOPPEN

Haupteinkaufsmeile der Stadt ist der *Bürger*, bei Regen das *Columbus-Center* zwischen Bürger und Museumshafen. Fisch kaufst du am besten im Schaufenster Fischereihafen. Ein regelrechtes Erlebniszentrum mit 40 Geschäften und Lokalen ist das *Mediterraneo (Havenwelten | dasmediterraneo.com)*. Wasserspiele und eine Piazza unter gläserner Kuppel sorgen zusammen mit viel Marmor und an Leinen aufgehängter Wäsche zwischen den Hausfassaden für das Gefühl, sich irgendwo im Süden Europas zu befinden.

SPORT & SPASS

Am touristischen Zentrum Havenwelten lockt das *Weserstrandbad (Mai-Sept. tgl. 10–20 Uhr | Tageskarte 3 Euro, Kinder 1 Euro)* mit gutem Sandstrand – allerdings nur zum Sonnenbaden, denn das Schwimmen in der Weser ist wegen gefährlicher Strömungen verboten. Ein Kinderplanschbecken ist aber vorhanden. Wer schwimmen will geht ins Freibad oder das ganzjährig geöffnete Hallenbad *(baeder-bhv.de)*. Fahrräder und E-Bikes kannst du an der Touristinfo im Schaufenster Fischereihafen und in den Havenwelten leihen *(ab 8 Euro bzw. 25 Euro/Tag mietrad-bremerhaven.de).* Im Winter ist die *Eisarena (Fr 15.45–17.45, Sa 14.30–16.30, So 13–15 Uhr | 3,50 Euro, Leihschlittschuhe 3 Euro plus 30 Euro Pfand | Wilhelm-Kaisen-Platz 1 | eisarena-bremerhaven.de)* geöffnet, Heimat der Eishockey-Bundesligamannschaft Fischtown Pinguins.

AUSGEHEN & FEIERN

Beliebt bei Studierenden ist *Das Rüssel (Bürgermeister-Smidt-Str. 145 | das-ruessel.de)* mit seinen Fußballübertragungen und einer großen Auswahl an Getränken. Im *Kapovaz (Bürgermeister-Smidt-Str. 147)* nebenan finden regelmäßig Konzerte statt. Schräg geht es in der *Ferrarikneipe (Langener Landstr. 15 | ferrarikneipe.de)* mit rund 7000 Exponaten rund um Ferrari und die Formel 1 zu. Comedy und Kleinkunst stehen auf dem Programm des *Theaters im Fischereihafen (Am Schaufenster 6 | Tel. 0471 9 32 33 44 | tif-bremerhaven.de).*

RUND UM BREMERHAVEN

1 WREMEN

16 km nordwestlich von Bremerhaven/25 Min. über Weddewarden und Imsum

Das Dorf ist einer der historischen Hauptorte im Land Wursten. Im Kutterhafen steht der Leuchtturm *Kleiner Preuße (Mi, Sa, So 13–15 Uhr | Eintritt frei).* Nahe der Kirche findest du das kleine, liebevoll gestaltete *Museum für Wattenfischerei (April–Sept. Mi–So 14–17 Uhr | 2,50 Euro | Wurster Landstr. 118 | museum-wremen.de),* das zeigt, wie die Küstenbewohner sich einst das Wattenmeer zunutze machten. *L5*

Ein Leuchtturm auf Stelzen: Obereversand in Dorumer Neufeld

2 DORUMER NEUFELD

30 km nördlich von Bremerhaven/40 Min. über Wremen

In der Hafensiedlung liegen Krabbenkutter im Sielhafen. Das *Nationalparkhaus Wurster Nordseeküste (Mai–Okt. tgl. 10–18, Nov.–April Mi–Fr 12–17, Sa/So 11–17 Uhr | Eintritt frei | national parkhaus-wattenmeer.de)* bietet fast täglich sachkundig geführte Watt- oder Salzwiesenwanderungen und Kindernachmittage an. Auf der *Hafenterrasse* gibt es an Buden Crêpes und andere Snacks. *L5*

CUXHAVEN

(L–M3) **Die Stadt (49 000 Ew.) an der Elbmündung ist nach Bremerhaven Deutschlands zweitgrößter Fischereihafen und im Winter Deutschlands einziger Hafen für Fahrten nach Helgoland.**

Cuxhaven hat die größte Produktionsstätte für Offshore-Windturbinen – aber Besucher entdecken dort nicht nur Industrie, sondern vor allem einen spannenden Kontrast aus Urbanität und uralten Bauernhöfen. Auch aufgrund vieler kleiner Ortsteile wie Duh-

WOHIN ZUERST?

Alte Liebe: Die Stadt ist mit ihren vielen Ortsteilen sehr weitläufig. Zentral im Hafen liegt die Alte Liebe. Gute Parkmöglichkeiten gibt es an den Straßen im Fischereihafen und am Helgolandkai ganz in der Nähe. Der Bahnhof liegt am Fischereihafen, von dort aus fährt der Bus 1006 in fünf Minuten stündlich zur Alten Liebe.

Hapag-Hallen: aus Zeiten, als deutsche „Wirtschaftsflüchtlinge“ zuhauf ihre Heimat verließen

nen und Sahlenburg, die die besten und längsten natürlichen Sandstrände an der niedersächsischen Nordseeküste besitzen, spielt der Tourismus eine wichtige Rolle.

SIGHTSEEING

ALTE LIEBE

Der zweigeschossige, hölzerne Anleger an der Ausfahrt des Alten Hafens dient nur noch als Aussichtsplattform. Hier kannst du den Ansagen über Herkunft, Ziel und Größe der dicht vorüberfahrenden Schiffe lauschen. Ein 10 km langer Strandwanderweg führt von hier vorbei an der Kugelbake und den Ortsteilen Döse und Duhnen bis nach Sahlenburg.

MUSEUMSFEUERSCHIFF ELBE 1

Das Schiff liegt als knallroter Blickfang am Anleger Alte Liebe vor Anker. Es wies von 1948 bis 1988 als schwimmendes Leuchtfeuer in der Elbmündung vor Cuxhaven vorbeifahrenden Schiffen den Weg. Maschinenraum, Kommandobrücke, Kombüse und Kabinen kannst du besichtigen. *Mitte April–Okt. Di–So 11–16 Uhr | 4 Euro | feuerschiff-elbe1.de | 1 Std.*

PINGUINMUSEUM

In Cuxhaven findest du nicht nur die größte Pinguinsammlung der Welt, sondern auch das einzige Pinguinmuseum in Deutschland. Die Serie „Pingu" weckte einst die Sammelleidenschaft von Birgit Berends, die seitdem mehr als 17 000 der Vögel in verschiedensten Variationen vom Fingerhut bis zur Teekanne zusammengetragen hat. *Häufig wechselnde Zeiten s. Website | Eintritt frei, Spende von 2,50 Euro für den Tierschutz erbeten | Schillerstr. 64 | pinguin-museum-cuxhaven.de.tl | 1 Std.*

IDER-TIPP
Ein Pinguin auf der ingerkuppe

WINDSTÄRKE 10

Gib es doch zu: Wenn der Bürojob nervt, träumst du davon, auf einem Fischtrawler anzuheuern und auf Fangfahrt vor Island zu gehen. Außerdem wolltest du schon immer mal zum Grund der Nordsee tauchen und dort Wracks suchen. Das ist deine Gelegenheit: Hier erlebst du die Gefahren auf See, kämpfst ums Überleben und arbeitest hart an Bord der Fischtrawler. Das soll aber nicht abschrecken, sondern macht Spaß – und nebenbei lernt man noch eine ganze Menge. *April–Okt. tgl. 10–18, Nov.–März Di–So 10–17 Uhr | 9,50 Euro | Fischereihafen | Ohlroggestr. 1 | windstaerke10.net | 2 Std.*

STEUBENHÖFT & HAPAG-HALLEN

Folg dem Weg Hunderttausender Passagiere der Reederei Hapag vom glanzvollen Kuppelsaal, einst Wartesaal der Passagiere der ersten Klasse, bis zum Anleger Steubenhöft, dem „Kai der Tränen", und erleb eine Atmosphäre von Abschied und Aufbruch in eine für viele ungewisse Zukunft. Die Hallen mit den Wartesälen der verschiedenen Klassen können allerdings nur im Rahmen von Führungen besichtigt werden. *Termine s. Website | 5 Euro | hapag-hallen-cuxhaven.de | 1½ Std.*

SCHLOSS RITZEBÜTTEL

Das kleine Backsteinschloss mit seinem schönen Park bildet den historischen Kern Cuxhavens. Um 1340 bauten einheimische Grundherren hier einen steinernen Wohn- und Wehrturm, 1752 wurde ein Ziegelbau und 1892 noch ein Gerichtsgebäude angefügt. Die historisch eingerichteten Innenräume kannst du besichtigen. *Mo-Do 10–13, Di–Do auch 14–17, Sa/So 11–15 Uhr | 3 Euro | Südersteinstr. | schlossverein-ritzebuettel.de | ⏲ 1½ Std.*

KUGELBAKE

Schiffe, Schiffe, Schiffe ... Wo die Elbe in die Nordsee mündet, ist ein guter Platz, um zwischendurch zur Ruhe zu kommen. An dem 29 m hohen hölzernen Seezeichen lassen sich gut die großen und kleinen Schiffe beobachten, die in den Hafen oder aus dem Hafen hinaus aufs Meer schippern.

WATTENMEER-BESUCHERZENTRUM

Warum ist es gefährlich, mal eben so ins Watt zu laufen, wenn bald das Wasser kommt? Das lernst du hier mit dem Ebbe-Flut-Simulator, bei dem die Priele eindrucksvoll schnell volllaufen und sich das Meer blitzschnell seinen Weg zur Küste frisst. Außerdem informiert das Zentrum über das Leben der Tiere und Pflanzen in und am Wattenmeer. *April–Okt. Mo–Fr 10–18, Sa/So*

12–18, Nov.–März Mo–Fr 10–16, So 12 –16 Uhr | Eintritt frei | Nordheimstr. 200 | nationalpark-wattenmeer-cuxhaven.de | ⏲ *1½ Std.*

JAN-CUX-STRANDBAHN

Zwei offene Strandbahnen auf Gummirädern verbinden von April bis Oktober die Alte Liebe mit Fischereihafen und Steubenhöft sowie Cuxhaven-Duhnen mit Ahoi-Erlebnisbad, FKK-Strand und Sahlenburg. *Teilstrecke 3,50 Euro, Gesamtstrecke 6 Euro, Kinder bis 12 Jahre 1,70/2,80 Euro | tourismus.cuxhaven.de, cuxliner.de*

ESSEN & TRINKEN

DIE KLEINE FISCHKISTE

Fischgeschäft und -imbiss mit stets fangfrischem Fisch zu echten Hafenpreisen; außerdem Räucherfisch aus eigener Herstellung. Wer nur einen Snack möchte, holt sich einfach eins der köstlichen Fischbrötchen auf die Hand. *Tgl. | Niedersachsenstr. | Fischereihafen Halle X | €–€€*

OSTERIA LA FENICE

Wenn der viele Fisch in Cuxhaven einmal nicht mehr rutschen sollte, schmecken die hausgemachten Nudeln hier besonders gut. Gekocht wird raffiniert und mit viel Liebe zum Detail. *So geschl. | Nordersteinstr. 6 | Tel. 04721 6984151 | osterialafenice-cuxhaven.de | €€*

STERNECK

Vom Michelin mit zwei Sternen ausgezeichnet, widmet sich Küchenchef Marc Rennhack im Panoramarestaurant des Badhotels Sternhagen ganz den Gourmets. Der Schwerpunkt liegt auf Fisch und Meeresfrüchten. Der Weinkeller auf drei Ebenen im Inneren der Düne, auf der das Hotel steht, kann nach Absprache besichtigt werden. *Mo–Mi und außer So mittags geschl. | Cuxhaven-Duhnen | Cuxhavener Str. 86 | Tel. 04721 4340 | badhotel-sternhagen.de | €€€*

SHOPPEN

Haupteinkaufsstraße ist dieNdersteinstraße; maritime Souvenirgeschäfte findest du im Zentrum von Duhnen.

SPORT & SPASS

Zum Wassersportangebot gehört neben Wind- und Kitesurfen (u. a. *cuxkite.de*) auch das Tauchen (u. a. *tauchen-cuxhaven.de*).

SCHIFFSAUSFLÜGE

Es werden Hafenrundfahrten und Touren zu den Seehundsbänken sowie nach Helgoland, Neuwerk oder durch den Nord-Ostsee-Kanal angeboten. *Reederei Cassen Eils | cassen-eils.de; FRS Helgoline | helgoline.de*

WALDFREIBAD SAHLENBURG

Süßwasser füllt das Becken in dem Bad mitten im Wernerwald. *Juli/Aug. tgl. 9–19 Uhr | Tageskarte 9 Euro | Wernerwaldstr.*

STRÄNDE

12 km Sandstrand machen Cuxhaven zum bedeutendsten Seebad an der

niedersächsischen Nordseeküste. Das breite Sandband ist eintrittspflichtig und zieht sich von Döse bis Sahlenburg. Zwischen Döse und der Alten Liebe sowie vor Altenbruch weiter elbaufwärts bieten Grünbadestrände mit durch Bojen abgesteckten Bereichen die besten Schwimmmöglichkeiten im Meer.

WELLNESS

Badevergnügen bei jedem Wetter erwartet dich im ☂ *Thalassozentrum Ahoi (Bad tgl. 9–21, Sauna 10–22 Uhr | Tageskarte 15 Euro, inkl. Sauna 19 Euro | Wehrbergsweg 32 | ahoi-cuxhaven.de)* in Duhnen mit Wellenbecken, Riesenrutsche und Saunalandschaft.

AUSGEHEN & FEIERN

Sommerabende genießt man in einer der Strandbars am Strand in Duhnen. Klassisches Nachtleben findest du am ehesten in Döse in der Nähe der Alten Liebe, wo z. B. *Die Kiste (Kapitän-Alexander-Str. 60 | die-kiste.info)* mit Cocktails und Tapas lockt.

RUND UM CUXHAVEN

3 NEUWERK ★ ⚑

10 km nordwestlich von Cuxhaven

Die nur 3 km² große Insel in der Elbmündung ist Teil jenes niedersächsischen Marschenlands, das im frühen Mittelalter in einer Sturmflut unterging. 1299–1310 bauten die Hamburger darauf einen 45 m hohen *Turm* als Seezeichen, der heute der älteste erhaltene Leuchtturm der Welt ist. Über 138 Stufen kann man seine Aussichtsplattform besteigen; im 1. Stock liegt die gemütliche *Turmschenke (Tel. 0172 4 71 58 96 | €€).* Eine Sehenswürdigkeit ist auch der *Friedhof der Namenlosen,* auf dem angespülte Leichen jahrhundertelang beigesetzt wurden. Ein kleiner Badestrand liegt im Norden der Insel, die sich in einer Stunde bequem zu Fuß umrunden lässt.

Das größte Erlebnis ist jedoch der Weg zur Insel: Man erreicht die zu Hamburg gehörende Insel entweder nach einer 10 km langen, geführten ⚑ Wattwanderung, mit der Wattenkutsche von Duhnen und Sahlenburg oder per Schiff in 90-minütiger Fahrt ab Cuxhaven-Alte Liebe. Man kann die drei Reisearten auch kombinieren. *K3*

4 SPIEKA-NEUFELD

15 km südwestlich von Cuxhaven/ 1 Std. mit dem Rad

INSIDER-TIPP **Auf Tuchfühlung mit Krabben**

Der Ort besitzt einen besonders schönen *Sielhafen,* in dem noch ein paar Krabbenkutter beheimatet sind. Am besten kaufst du hier die Krabben direkt von Bord und pulst sie selbst. Das ist zunächst gar nicht so einfach, geht aber mit ein bisschen Routine ganz schnell: Den Kopf vorsichtig zwischen Daumen und Zeigefinger fixieren und mit der anderen Hand das Hinterteil greifen. Dabei den Panzer nicht zerbrechen! Nun vorsichtig und ohne

Der Weg ist das Ziel: Kutschfahrt durchs Watt nach Neuwerk

Druck drehen, bis der Panzer in der Mitte aufbricht. Danach ziehst du die hintere Hälfte des Panzers ab und löst anschließend das Krabbenfleisch vorsichtig aus dem Kopf.

Der Hafen ist nicht wie so viele andere von Zement, sondern von grünen Weiden umgeben – eine idyllische Kulisse für Fotos. Vom Anleger bis zum Meer verläuft der Sielabfluss wie ein Strom durchs Grün. Am Sielausgang steht das äußerlich einfache Containerrestaurant *Ebbe und Flut (Mi und abends geschl. | Tel. 0160 8 48 00 70 | €–€€)*, das Fisch und Krabben in großen Portionen serviert. Dort beginnt der Grünbadestrand mit einigen wenigen Strandkörben und einer DLRG-Station. Wer mehr Trubel schätzt oder nackt baden will, fährt in den Nachbarort *Cappel-Neufeld* mit FKK-Strand. *L4*

5 AERONAUTICUM NORDHOLZ

12 km südlich von Cuxhaven/50 Min. mit dem Rad

Nordholz ist bekannt für seinen Militärflughafen. So erklärt sich, dass hier das Aeronauticum zu finden ist. Das Museum zeigt auf einer riesigen Freifläche 18 Modelle, darunter Starfighter, Kampfbomber und die Kanzlermaschine von Gerhard Schröder. Einige der Cockpits kannst du besichtigen (nicht bei Regen). Im Innern geht es weiter mit Luftfahrt und mit der Geschichte der Zeppeline. Weil das Außengelände wirklich groß ist, solltest du reichlich Zeit einplanen. Es lohnt sich, eine Führung zu buchen *(tgl. wechselnde Themen, 1–2 Std.). Tgl. 10.30–17.30 Uhr | 9,50 Euro | Peter-Strasser-Platz 3 | aeronauticum.de | 3 Std. | L4*

HELGOLAND

ZUR RUHE KOMMEN MITTEN IM MEER

70 km vor der Festlandküste ragt ein Buntsandsteinfelsen aus der Nordsee, der seine rötliche Farbe einem hohen Eisengehalt verdankt: Helgoland. 61 m ist er hoch, 2 km lang und bis zu 600 m breit; 1400 Menschen leben hier.

Zu Helgoland gehört auch die Düne genannte Nachbarinsel. Sie wurde 1721 durch eine Sturmflut abgetrennt, auf ihr leben keine ständigen Bewohner. Das Vorhaben, durch Aufschüttungen eine neue Landverbindung zur Düne herzustellen, wurde in einer Volks-

Auch das ist Helgoland: Badestrand auf der Nachbarinsel Düne

abstimmung 2011 abgelehnt. Für Helgoland ist die Düne wegen ihres Flugplatzes und ihres guten Sandstrands von Bedeutung; außerdem sonnen sich hier neben den Badegästen auch mehr als 250 Seehunde und Kegelrobben.

Wer auf Helgoland steht, der ist immer von Wasser umgeben: Die Insel ist so klein, dass insbesondere vom Oberland aus zu allen Seiten die Nordsee zu sehen ist – und sonst nichts. Selbst Fahrräder sind nicht gern gesehen: Hier geht man zu Fuß.

HELGOLAND

6 Lange Anna
5 Lummenfelsen
Nordostdeich
Klippenrandweg
An der
Nordspitze
Klippenrandweg
Kurpark
Kurpromenade
4 Museum Helgoland
Vogelwarte 3
Lummenstr.
Norderfalm
Bop Stak
Schul- weg
Mocca-Stuben
Atlantis
Kurpromenade
Bop Stak
2 Bunker
Falm
Lung Wai
Am Südstrand
Gartenstraße
Süderstr.
Berliner Str.
Invasorenpfad
Galerie im Hotel Insulaner
1 Hummerbuden
Kranbahn
Hafenstraße
Ringstr.
Am Wassersturzbecken
Kurt Wai
Südkaje Südhafen
300 m
328 yd

MARCO POLO HIGHLIGHTS

★ **LANGE ANNA**
Das Wahrzeichen Helgolands aus Buntsandstein ➤ S. 114

★ **LUMMENFELSEN**
Am Nistplatz der Trottellummen drängen sich die Vögel dicht an dicht ➤ S. 114

★ **BUNKER**
Ein Gefühl für die Geschichte bekommen und verborgene Gänge auf der Insel erkunden ➤ S. 113

Sowohl die Hauptinsel als auch die Düne ruhen auf einem 5 km² großen Felssockel, der bis in eine Tiefe von 48 m reicht. Weite Teile des Sockels fallen bei Niedrigwasser trocken und bilden ein einzigartiges Felswatt (Betreten verboten!) mit einer schützenswerten Flora und Fauna.

Die Insel gehörte im Lauf ihrer Geschichte bereits zu Schleswig und zu Dänemark, ab 1807 dann zu England. Der deutsche Kaiser Wilhelm II. tauschte sie gegen seine Ansprüche auf die Insel Sansibar vor der Küste Ostafrikas ein, sodass Helgoland im Jahr 1890 ins Deutsche Reich eingegliedert werden konnte. Nun entwickelte es sich zu einem bedeutenden Marinestützpunkt und musste dafür in beiden Weltkriegen bitter bezahlen: 1945 zerstörten britische Bomben die Insel fast vollständig; weitere Schäden richteten britische Sprengversuche und Bombenabwürfe zu Übungszwecken an. Erst 1952 begann der Wiederaufbau.

Heute leben die Menschen auf der zu Schleswig-Holstein gehörenden Insel vor allem vom Tourismus. Bis zu 2000 Tagesgäste nutzen im Sommer die Möglichkeit, steuerbegünstigt einzukaufen, denn zollrechtlich gilt Helgoland als Sonderzone.

ANREISE

Ganzjährig fährt täglich die MS Helgoland ab Cuxhaven *(2–2¼ Std. | hin und zurück ca. 55 Euro)*, von den Osterferien bis Oktober außerdem der Katamaran Halunder Jet täglich ab Hamburg und Cuxhaven *(ab Hamburg 3½–3¾ Std. | hin und zurück ca. 90–140 Euro je nach Saison und Klasse; ab Cuxhaven 1¼–1½ Std. | hin und zurück ca. 80–110 Euro)*. Von Mai bis September verkehrt die MS Fair Lady ab Bremerhaven *(3 Std. | hin und zurück ca. 45 Euro)* und etwa achtmal im Sommer auch ab Hooksiel *(2 Std. | hin und zurück ca. 45 Euro)*. Eine Flugverbindung besteht drei- bis viermal täglich mit Nordholz bei Cuxhaven *(ca. 30 Min. | hin und zurück ca. 240 Euro)*. *helgoline.de, cassen-eils.de, fliegofd.de*

INSELRUNDGANG

Der Katamaran aus Hamburg und Cuxhaven sowie die MS Helgoland aus Cuxhaven legen direkt im Südhafen an. Andere Schiffe müssen auf Reede ankern. Die Passagiere steigen dann in Börteboote um: offene Motorboote, die über wacklige Steh- und Sitzplätze für bis zu 50 Personen verfügen. Vom Börtebootanleger bummelt man zunächst durch die Hauptstraße des Unterlands, den Lung Wai, zum Fahrstuhl oder zur 184-stufigen Treppe, die aufs Oberland führt. Man kann es auf einem etwa 3 km langen Klippenrandweg umrunden und kommt dabei an vielen Schafen und lauten Basstölpeln, an der Langen Anna sowie am Lummenfelsen vorbei.

SIGHTSEEING

1 HUMMERBUDEN

Reihen farbenfroh gestrichener, zweigeschossiger Buden säumen den Weg zum Südhafen. Die ehemaligen Fischerhütten beherbergen heute das Standesamt, Kunstgalerien und Geschäfte.

Bunte Mischung: Die Hummerbuden mit Geschäften, Galerien – und dem Standesamt

2 BUNKER ★ ☂

Helgoland liegt so friedlich im Meer – dabei hat es dort richtig gekracht. 1947 fand auf der Insel die größte nichtnukleare Explosion der Weltgeschichte statt. Die Briten versuchten damals, das unterirdische System von Bunkern und Tunneln zu sprengen. Auf der Insel lebte damals schon niemand mehr – nachdem 1945 innerhalb von zwei Tagen 7000 Bomben auf Helgoland niedergegangen waren, war die Insel nicht mehr bewohnbar gewesen. Erst ab 1952 begann die Wiederbesiedlung. Die beklemmende Zeit im Krieg wird im Zivilschutzbunker greifbar, der die Bombenangriffe überstanden hat. Rund 90 Stufen geht es in die Insel hinab, rund 400 m des engen, weit verzweigten Tunnelsystems sind erhalten. Ein Tunnel soll gerüchtehalber sogar unter dem Meer entlang bis zur Nachbarinsel Düne geführt haben – bislang wurde aber nichts dergleichen entdeckt. Wer die Enge selbst erleben möchte, muss eine Führung buchen, frei zugänglich ist der Bunker nicht. Diese eignet sich wegen der Zeiten leider nicht für Tagesgäste. *Tgl. 10 und Mo–Sa 16.30 Uhr | 12,50 Euro | Anmeldung unter Tel. 04725 80 88 08 oder info@helgoland.de | 90 Min.*

3 VOGELWARTE

Die Vogelwarte auf dem Oberland widmet sich der Erforschung der Zugvögel und beringt im Frühjahr und Herbst etwa 15 000 der auf Helgoland rastenden Vögel. *Führungen Mitte März –Okt. Di und Fr 16.30 Uhr, sonst n. V. | Spende erbeten | ifv-vogelwarte.de*

4 MUSEUM HELGOLAND ☂

Wie haben die Hummerfischer früher gelebt? Und wie ist das überhaupt mit der Geschichte von Helgoland? Darüber informiert das Museum liebevoll und im Detail. Im Außenbereich sind um einen Leuchtturm bunte Hummerbuden gruppiert, die sich Spezialthemen widmen. Ein Teil befasst sich mit dem Kinderbuchautor James Krüss, der von der Insel stammt. Eine raffinierte Buchinstallation vor dem Museum lässt dich ganz real in sein Werk eintauchen. *April–Anfang Nov. tgl. 10–14.30 Uhr | 5 Euro, Kinder 3 Euro | Kurpromenade | museum-helgoland.de*

INSIDER-TIPP
Einmal richtig in einem Buch verschwinden

5 LUMMENFELSEN ★

Der Lummenfelsen ist Deutschlands kleinstes Naturschutzgebiet. Zwischen Mitte April und Juli nisten hier etwa 2500 Trottellummen-Brutpaare auf extrem schmalen Felsbändern. Jedes Weibchen legt nur ein Ei, das so geformt ist, dass es nicht von seinem Ablageplatz herunterrollen kann. Noch bevor die Jungvögel flügge sind, springen sie vom Felsen hinunter ins Meer. Diesen einzigartigen „Lummensprung" kannst du von Anfang Juni bis Juli jeweils in der Abenddämmerung am Lummenfelsen miterleben. Zu den Lummen haben sich in den letzten Jahren zahlreiche Basstölpel als Brutvögel hinzugesellt. Am besten informierst du dich vorab in der *Lummenfelsausstellung (Di–So 9.30–12 und 13–16 Uhr | Eintritt frei | Hummerbude 35 | jordsand.de)* des Vereins Jordsand, der auch Führungen am Lummenfelsen und auf der Düne zu den Kegelrobben anbietet.

6 LANGE ANNA ★

Der 48 m hohe, frei stehende Felsen unmittelbar vor der Küste war bis 1860 durch einen natürlichen Felsbogen mit der Insel verbunden. Solche Tore hatte die Brandung immer wieder in die Felsen geschlagen und immer wieder waren sie später eingebrochen. Um das vollkommene Verschwinden des Helgoländer Wahrzeichens zu verhindern, baute man schließlich eine 1300 m lange Uferschutzmauer, die nicht gerade eine optische Zierde ist. Mittlerweile reicht diese nicht mehr aus, sodass über neue und bessere Schutzmaßnahmen diskutiert wird.

7 FRIEDHOF DER NAMENLOSEN

Mitten in den Dünen von Helgolands Badeinsel haben die Einheimischen jahrhundertelang Menschen anonym in Seesäcken beigesetzt, deren Leichen vom Meer an die Küste gespült wurden. Viele der Grabsteine sind liebevoll gestaltet und mit Phantasie dekoriert. Wer einen Ort der Ruhe in der Ruhe der Insel sucht, wird hier fündig.

ESSEN & TRINKEN

GALERIE IM HOTEL INSULANER

Küchenchef Jens Ramke präsentiert internationale Küche von einfachen Seemannsgerichten bis zu Schlemmereien für Reeder. Gute Aussicht auf Hafen und Düne. *Nov.–Mitte April Mo und mittags geschl. | Am Südstrand 2 | Tel. 04725 8 14 10 | insulaner.de | €€€*

ATLANTIS

Restaurant auf dem Oberland, das stets lebende Helgoländer Hummer sowie Knieper (Scheren des Taschenkrebses) vorrätig hat. *Mittags und Di geschl. | Hingstgars 444 | Tel. 04725 64 07 16 | atlantis-helgoland.de | €€–€€€*

MOCCA-STUBEN
Bar und sehr gutes Restaurant mit schwäbischem Koch. Gegrillten Hummer gibt es hier auch mediterran mit Olivenöl und Cognac flambiert. *Mittags geschl. | Hingstgars 447 | Tel. 04725 12 53 | mocca-stuben.de | €€*

SHOPPEN

Zollfrei mitnehmen dürfen Personen über 17 Jahre u. a. 200 Zigaretten, 1 l Spirituosen und sonstige Waren im Wert von bis zu 430 Euro.

SPORT & SPASS

Fast ganzjährig ist das Schwimmen im beheizten Becken des *Mare Frisicum Spa (stark gestaffelte Zeiten s. Website | Tageskarte 10 Euro, mit Sauna 20 Euro | helgoland.de)* mit Saunalandschaft möglich. Am Nordstrand der Düne kann man mit eigenem Equipment surfen, dort ist auch ein Abschnitt für FKK-Anhänger reserviert. Außerdem gibt es Tennisplätze und eine Minigolfanlage mit Trampolinen. Radfahren ist auf der Insel nicht erlaubt.

STRÄNDE

Die *Düne* ist auf drei Seiten von feinem Sandstrand umgeben. Anders als sonst an der Küste kannst du hier unabhängig von den Gezeiten fast immer ins Wasser.

Die „Lange Anna": Erst die Nordsee machte sie so schlank

AUSGEHEN & FEIERN

Eine normale Kneipe, die auch die Einheimischen schätzen, ist die *Eiergrog-Stube (Schifferstr. 67)*. Beliebt bei jüngerem Publikum ist auch die Raucherkneipe *Knieper (Lung Wai 208)*. Dass sie etwas düster ist, macht sie allemal mit guten Cocktails wieder wett.

INSIDER-TIPP
Die besten Cocktails der Insel

ERLEBNIS TOUREN

Lust, die Besonderheiten der Region zu entdecken? Dann sind die Erlebnistouren genau das Richtige für dich! Ganz einfach wird es mit der MARCO POLO Touren-App: Die Tour über den QR-Code aufs Smartphone laden – und auch offline die perfekte Orientierung haben.

1 KÄSE, KIRCHEN, QUELLER IN DER KRUMMHÖRN

- An Ottos Leuchtturm für ein Selfie am Meer posieren
- Jahrhundertealte Kirchen und ländliche Dörfer besuchen
- Selbst gemachten Käse und andere Köstlichkeiten probieren

Start: Greetsiel | Ziel: Greetsiel

Strecke: 35 km | Dauer: 7 Stunden, reine Fahrzeit gut 3 Stunden

Leihräder in Greetsiel: **Poppinga** *(Mühlenstr. 13 | Tel. 04926 3 48 | poppinga-greetsiel.de)*; **Jacobsen** *(Schatthauser Weg 1 | Tel. 04926 3 35)*

1 Greetsiel

4 km

In 1 Greetsiel ➤ S. 56 fährst du *auf der Straße Zur Hauener Hooge westwärts. Kurz hinter dem Ende der Ortsbebauung erreichst du den Deich. Ihm folgst du*

Pewsum hat mit der Manningaburg sogar eine echte Wasserburg; na gut: Wasserbürgchen

jetzt bis zu Otto Waalkes' rot-gelb gestreiftem ❷ **Pilsumer Leuchtturm**, der ein bisschen wie eine Ringelsocke aussieht, die mitten in der Landschaft aufragt. Dort kannst du für ein Selfie posieren. Lass dich für ein Weilchen im Gras nieder und beobachte den Schiffsverkehr in der Emsmündung.

REGIONALE GENÜSSE AUS DER ZIEGENKÄSEREI UND VON DEN SALZWIESEN

Etwa 1,7 km weiter biegst du links in die kleine Straße Zum Diekskiel ein, die dich durch den Windenergiepark Krummhörn ins Zentrum von Pilsum bringt. Zunächst aber stattest du dem gut ausgeschilderten ❸ **Käsehof Rozenburg** *(Mo–Fr 10–12 und 14.30–18, Sa 10–12 und 14.30–17.30, So 15–17 Uhr | Tjücher Weg 1 | kaesehofladen.de) südöstlich von Pilsum* einen Besuch ab. Familie Berkhout verarbeitet in der Käserei Milch von etwa 80 Kühen und 90 Ziegen und bietet Wurst aus Ziegenfleisch sowie regionale Spezialitäten an. Während der Öffnungszeiten kannst du auch die Tiere besuchen. Danach besichtigst du in ❹ **Pilsum** die **Kreuzkirche** *(Führungen März–Okt. Di und Do 11 Uhr)* und kehrst dann *gleich*

INSIDER-TIPP
Selbst gemacht gibt Radelkraft

❷ Pilsumer Leuchtturm

6 km

❸ Käsehof Rozenburg

1 km

❹ Pilsum

gegenüber im über 200 Jahre alten Restaurant **Alte Brauerei** *(Mo/Di geschl. | Tel. 04926 91 29 15 | alte-brauerei-pilsum.de | €€)* ein. Hier kannst du mal schmecken, was du auf den Salzwiesen häufig siehst: Zu Seezunge wird aromatisch-knackiges Quellergemüse gereicht.

8 km

WASSERBURG UND WINDMÜHLE

Auf der Neu-Etumer Straße geht es südwärts an Neu-Etum vorbei. Hinter dem Ortsende biegst du links in den Ackerburger Weg ein, der dich über das Warfendorf Visquard und die links abzweigende Ubbo-Emmius-Straße nach **5 Pewsum** bringt. Sehenswert ist die **Manningaburg** *im Ortszentrum,* eine überwiegend gelb getünchte, winzige Wasserburg aus dem 15. Jh. Heute ist darin ein **Burgmuseum** *(Mai–Herbstferien Di und Do 10–12.30 und 15–17, Sa/So 15–17 Uhr | Kombiticket mit Mühlenmuseum 3 Euro | heimatverein-krummhoern.de)* untergebracht. Außerdem wartet Pewsum mit einem **Müh-**

5 Pewsum

10 km

lenmuseum *(gleiche Öffnungszeiten)* in einer Windmühle von 1843 und mit der Nikolaikirche aus dem 13./15. Jh. auf. *Im Anschluss an die Besichtigungen gelangst du auf der Jannes-Ohling-Straße aus Pewsum heraus.*

Hinter dem Ortsende biegst du links in den Bettenwehrster Weg ein und erreichst über Uttum, wo du links abbiegst, das Dorf Jennelt. Von hier aus ist es nur noch 1 km über die Pewsumer Landstraße bis nach ❻ Eilsum mit einem 750 Jahre alten Kirchturm und wertvollen Wandmalereien im Innern der Kirche *(Kirchenschlüssel außen am Pfarrhaus direkt neben der Kirche). Von Eilsum kehrst du dann über die Greetsieler Straße wieder nach* ❶ Greetsiel *zurück.*

❻ Eilsum

6 km

❶ Greetsiel

❷ EIN NACHMITTAG AM GROSSEN MEER

- Mit der Kurbelfähre von Hand übers Wasser gleiten
- Die Vögel rund ums Wasser mit allen Sinnen erleben
- Sich mit Tretboot oder Hydrobike in die Fluten stürzen

Start: Ferienhaussiedlung Bedekaspel

Ziel: Ferienhaussiedlung Bedekaspel

Strecke: 15 km

Dauer: 4–5 Stunden, reine Fahrzeit 1½ Stunden

Info: Die Tour ist aus Naturschutzgründen nur vom 15. April bis 15. Oktober möglich.

Du startest an der Paddel- und Pedalstation am Rand der ❶ Ferienhaussiedlung Bedekaspel und umrundest das ca. 1 km breite und 4,5 km lange Große Meer *auf dem 3-Meere-Weg im Uhrzeigersinn.* Dabei passierst du die übergroße Nachbildung eines Röhrichtbrüter-Nests, in das du mit etwas Geschick sogar hineinklettern kannst. Wenn du dich unterwegs fragst, welcher Vogel da wohl gerade über deinem Kopf am Himmel flattert – hier kommt Abhilfe: Du radelst bald an einem 10 m langen Baldachin vorbei, der dir zeigt, wie verschiedene Vögel im Flug aussehen, die rund um den 3-Meere-Weg leben.

❶ Ferienhaussiedlung Bedekaspel

500 m

❷ Soundinstallation „Gesangsverein"

1300 m

❸ Dorf Bedekaspel

3900 m

❹ Vogelbeobachtungs-Plattform

800 m

❺ Vogelkoje

2300 m

❻ Marscher Tief

600 m

❼ Kleines Meer

3600 m

AUF DU UND DU MIT DER VOGELWELT

An der ❷ **Soundinstallation „Gesangsverein"** hörst du die Stimmen von mehreren in der Umgebung heimischen Vogelarten. Im alten ❸ **Dorf Bedekaspel** passierst du den Backsteinbau der Dorfkirche mit ihrem spätromanischen Turm. Du erreichst die Piepschau – einen Schaukasten, der dir zeigt, welche Nester die verschiedenen Vogelarten am Großen Meer bauen. Eine ❹ **Vogelbeobachtungs-Plattform** gewährt dir kurz darauf einen guten Einblick ins Naturschutzgebiet, das nicht betreten werden darf. Die ❺ **Vogelkoje** bietet dann nicht nur erneut einen erhöhten Überblick über die Umgebung, sondern Kindern auch Kletterspaß. *Nach Überquerung des Heikeschloots kommst du ans brückenlose* ❻ **Marscher Tief**. Keine Sorge, du musst nun keine nassen Füße riskieren: Du überquerst es mithilfe einer Pünte: Diese plattformartige Fähre kennt keinen Fährmann, die Passagiere selbst bewegen sie mittels Schwungrad und eigener Muskelkraft am Seil übers Wasser.

INSIDER-TIPP
Fähre? Workout auf dem Wasser!

GROSSES MEER, KLEINES MEER: JETZT MUSS MAL EIN KAFFEE HER!

Danach fährst du an einigen Ferienhäusern *am Ufer des* ❼ **Kleinen Meers** *entlang, überquerst die nächsten*

Für Fans ausgefallener Fortbewegungsmittel: Pünte bei Bedekaspel

Gräben und Wasserläufe wieder auf Brücken und kommst in die Siedlung Bedekaspeler Marsch, wo dir das Hotel ❽ **Bootshaus** *(tgl. | Marscher Weg 18 | bootshaus-ostfriesland.de)* eine schöne Caféterrasse direkt am Knockster Tief bietet. Nach dieser Pause gilt es noch einmal, mit einer Pünte zu fahren: *Das hier etwa 15 m breite* ❾ **Marscher Tief** *will erneut überwunden werden.*

Nun sind es noch etwa 800 m bis zurück zur **Paddel- und Pedalstation** *(tgl. 9–18 Uhr | Tel. 04942 57 68 38 | short.travel/ofl5) in der* ❶ **Ferienhaussiedlung Bedekaspel**. Jetzt kommt der vergnüglichste Teil der Tour:

❽ Bootshaus

1400 m

❾ Marscher Tief

1100 m

❶ Ferienhaussiedlung Bedekaspel

Die Station verleiht nämlich auch zwei Hydrobikes und zahlreiche Tretboote, mit denen du den Nordteil des Großen Meers nun noch vom Wasser aus erkundest. Selbst Nichtschwimmer können beruhigt mitfahren: Die Wassertiefe beträgt maximal 1 m!

3 DEICHNAH UM BUTJADINGEN

- Mitten in der Natur ein Kletterabenteuer erleben
- Von einem Plattfisch mehr über die Region erfahren
- Durch Priele, Watt und Salzwiesen spazieren gehen

Start: Tossens | Ziel: Tossens

Strecke: gut 40 km | Dauer: 1 Tag, reine Fahrzeit knapp 4 Stunden

Fahrradverleih Tossi: *tgl. 9–18 Uhr | Strandallee | Tel. 04736 92 00 77 | fahrradverleih-tossi.de*
3 Klettern im Garten: *Sa/So 10–mindestens 17 Uhr, sonst teilweise erst ab 13 Uhr | klettern-im-garten.de)*

1 Tossens
6 km
2 Eckwarderhörne
15 km
3 Klettern im Garten
8 km

Von 1 **Tossens** geht es zunächst *auf dem als „Deutsche Sielroute" ausgeschilderten Radweg unmittelbar am Wattenmeer entlang bis nach* 2 **Eckwarderhörne** ➤ S. 88, wo du von der Strandhalle mit ihrer Caféterrasse aus barfuß ein wenig ins Watt hinauswandern kannst, wenn es die Tide erlaubt. *Danach radelst du weiter auf der Sielroute am Deich entlang bis zu einer ausgeschilderten Abzweigung nach links, die dich nach Stollhamm bringt. Dort folgst du der Hauptstraße ca. 400 m nach links und zweigst am Ortsende nach rechts in die Straße An der Heete und 150 m danach links in den Rauschenbusch-Weg ab. Du folgst diesem schmalen, befestigten Erdweg auf einem ehemaligen Bahndamm und triffst nach 4,4 km an einem Telegrafenmast auf einen Zementweg. Diesem und entsprechenden Wegweisern folgst du nach links zum sehr naturnahen Kletterpark* 3 **Klettern im Garten**. Dort erwarten dich 38 Kletterelemente auf drei Ebenen und vier Seilbahnen. Schon Kinder ab etwa drei Jahren können hier ihren Mut testen. Anschließend stillst du im Kaffeegarten Hunger und Durst.

EIN PLATTFISCH IN PLAPPERLAUNE

Für die zweite Hälfte der Tour verlässt du den Klettergarten nach rechts und fährst auf dem Westerbultsweg 4,1 km weit bis nach Burhave. Hier hältst du dich auf der Hauptstraße links und zweigst ca. 200 m weiter am Rathaus nach rechts ab, dem Wegweiser zur Touristinformation folgend. So kommst du an den Deich. Ihm folgst du seeseitig nach links und kommst nach ④ **Fedderwardersiel** ➤ S. 89. Dort scheint am südlichen Kai des Kutterhafens ein riesiger Plattfisch gestrandet zu sein. Dabei handelt es sich um das Kunstobjekt **„Der sprechende Plattfisch"**, einen sogenannten Hörstuhl. Klet-

④ Fedderwardersiel

3 km

⑤ Fahrradparkplatz

6 km

⑥ Ruhwarden

4 km

① Tossens

ter einfach auf den Fisch und hör dir an, was er erzählt. Bei der Installation kommen die Einheimischen selbst zu Wort. Du kannst hier lernen, was die im Interesse der Überseehäfen Bremerhaven und Wilhelmshaven vorgenommenen Weservertiefungen für einen kleinen, traditionellen Hafen bedeuten und wo die Gefahren dabei liegen.

AUF BOHLEN ÜBERS WATT

Danach folgst du an der Brücke über den Siel dem Wegweiser nach Langwarden und überquerst nach 800 m den Deich. Nun führt dich ein Radweg am Langwarder Groden entlang. Nach 1,8 km erreichst du einen **⑤ Fahrradparkplatz** mit Infotafeln. Von hier aus kannst du einen etwa 1 km langen Spaziergang unternehmen, der dich auch über einen 400 m langen Bohlenweg führt. Dort erlebst du Priele, Watt und Salzwiesen und die Tiere, die dort leben, ganz aus der Nähe. *Danach folgst du weiter dem außendeichs verlaufenden Radweg bis zu der Deichüberquerung, an der ein Wegweiser nach* **⑥ Ruhwarden** *steht. Ihm folgst du bis ins Dorf. Anschließend gelangst du auf dem Radweg parallel zur Hauptstraße zurück nach* **① Tossens**.

Vom Deich aus immer im Blick: Watt in der Wesermündung bei Fedderwardersiel

4 CUXHAVEN GANZ NATÜRLICH

- Über die wilde Heide schauen und sie selbst erkunden
- Beim Stand-up-Paddling das Gleichgewicht testen
- Adventure-Golf spielen und Geschicklichkeit beweisen

Start: Cuxhaven-Duhnen | Ziel: Cuxhaven-Duhnen

gut 20 km | 6–8 Stunden, reine Fahrzeit 2 Stunden

Fahrradverleih Cuxbike: *tgl. 9–18 Uhr | Cuxhavener Str. 69 | Tel. 04721 6 64 97 50 | cux-bike.de*
Anmeldung obligatorisch in der 7 **Surfschule Cuxhaven:** *Tel. 0171 8 35 65 83 | surfschule-cuxhaven.de*

1 Cuxhaven-Duhnen

Vom Fahrradverleih Cuxbike in 1 **Cuxhaven-Duhnen** *aus steuerst du zunächst den zentralen Dorfbrunnen an und fährst zum Deich. Dort wendest du dich nach links auf die Duhner Strandstraße* und bist schon etwa zehn Minuten nach dem Start in schönster Natur. Die Dünenbahn genannte Straße, die du dir mit Fußgängern und der Bimmelbahn teilst, führt auf dem Deich an der Duhner Feldmark vorbei, die mit ihren Wallhecken vielen Insekten- und Vogelarten einen Lebensraum bietet.

3300 m

EIN HEIDESPAZIERGANG DIREKT AM MEER

2 Aussichtsplattform

Du gelangst zu einer 2 **Aussichtsplattform**. Von hier blickst du zur Insel Neuwerk hinüber und auf den Duhner Anwachs, der nicht betreten werden darf: Holzpfähle grenzen hier als Lahnung ein Gebiet ab, das der Mensch seit 1936 dem Meer abgerungen hat. Neben salzverträglichen Pflanzen als Pionierpflanzen sind hier inzwischen auch verschiedene Strandgräser heimisch; das ganze Areal ist im Winter bei Hochwasser ein Rastplatz für nordische Gänse und im Sommer für Kiebitze, Austernfischer, Seeschwalben und andere Vögel. *Am Turm beginnt ein 2 km langer, gut markierter Fußweg* durch die 3 **Duhner Heide**. Schautafeln informieren über die Landschaft und ihre Besonderheiten. Am schönsten ist dieser Spaziergang im September, weil dann die Heide blüht.

INSIDER-TIPP
Herbstliches Highlight in der Heide

1000 m

3 Duhner Heide

2000 m

Je nachdem, wie interessiert du an diesen Informationen bist, brauchst du für den Rundweg 45 Minuten bis anderthalb Stunden. Versuch übrigens gar nicht erst, diesen Weg mit dem Rad abzufahren: Er besteht zu großen Teilen aus sandigen und sehr unebenen Abschnitten.

❹ Wattenmeer-Besucherzentrum
600 m
❺ Il Giardino
100 m
❻ Wernerwald
300 m
❼ Surfschule Cuxhaven
3100 m
❽ Melkhus
2700 m

Weiter geht es mit dem Rad: Bei der markanten Rettungsstation hast du dann **Sahlenburg** *erreicht. 50 m ortseinwärts* lohnt das ❹ **Wattenmeer-Besucherzentrum** ➤ S. 104 einen Kurzbesuch. Auf Knopfdruck kannst du hier an einem Modell Ebbe und Flut zwischen Neuwerk und Sahlenburg im Zeitraffer erleben.

Danach passierst du die Uferfront von Sahlenburg und kommst an deren Ende zu einer Anhäufung von Lokalen und Läden. Hier kannst du Eis essen, Kaffee trinken, dich mit Gyros oder Pizza stärken – die Angebotsvielfalt auf kleinem Raum ist groß. Schön und windgeschützt sitzt du im ❺ **Il Giardino** *(März–Okt. tgl. | Tel. 04721 50 81 20 | il-giardino-sahlenburg.jimdo.com | €)* mit Blick hinüber zur Insel Neuwerk und aufs offene Meer.

JA BIN ICH DENN IM WALD?!

Hier beginnt nun der ❻ **Wernerwald**, der größte Küstenwald an der deutschen Nordseeküste. Er ist übrigens auch der einzige Wald an der deutschen Nordsee, der direkt am Wattenmeer liegt. Im späten 19. Jh. wurde er als Hochwasserschutz mit aus Österreich importierten Schwarzkiefern angelegt. *Du fährst auf dem Uferweg am Wald entlang und erreichst nach 300 m die* ❼ **Surfschule Cuxhaven**, wo du (nach Anmeldung!) mal eine Stunde lang das Stand-up-Paddeln ausprobierst.

BESUCH BEI MEHLSCHWALBE UND HAUSROTSCHWANZ

Am Ende des Wernerwalds erwartet dich dann in Arensch das ❽ **Melkhus** *(im Sommer Mi–Mo, im Winter auf An-*

frage | Tel. 04723 3201). Genieß hier Milchshakes und andere Köstlichkeiten eines Biobauernhofs! Gegenüber ist ein Trafoturm zu einem „Tierhotel" umgestaltet worden: In den Nistkästen und im Turm selbst sind u.a. Mehlschwalbe, Hausrotschwanz, Breitflügelfledermaus, Blau- und Kohlmeise zu Hause. Am Melkhus kannst du auch hautnah Kontakt zu Schweinen aufnehmen.

Wem nur radeln nicht genug ist, der bucht eine Schnupperstunde SUP

Anschließend bringt dich die Straße Am Ostrand fast schnurgerade zwischen Feldern zur Holter Straße. Dort hältst du dich links und fährst auf dem Radweg bis zum Wanderparkplatz, wo du dich auf einer ⑨ **Infotafel** gut über die ⑩ **Cuxhavener Küstenheide** informieren kannst, die größte zusammenhängende Heidefläche an der deutschen Nordseeküste. *Hier wechselst du vorsichtig die Straßenseite und fährst noch etwa 400 m weiter. Dann zweigt nach rechts hinten ein Rad- und Wanderweg ab, der dich nun gut ausgeschildert mitten durch die Heide nach Spangen führt.* Halte die Augen offen: Vielleicht entdeckst du im Unterholz die Wisente, die hier zusammen mit Heckrindern und Konikrindern die Heide kurz halten und damit pflegen.

⑨ Infotafel

1900 m

⑩ Cuxhavener Küstenheide

8500 m

① Cuxhaven-Duhnen

ZUM FINALE EINE RUNDE „ADVENTURE-GOLF"

Hast du Spangen erreicht, folgst du für 1100 m der Hauptstraße nach links und biegst dann rechts in die Straße Mushöhn ein. So kommst du bei der Touristinformation zur Nordheimstraße. Du folgst ihr nach links, biegst rechts in die Straße Am Pennworthmoor ein, fährst an deren Ende wieder links und zweigst sogleich nach rechts auf den Radweg ab, der dich zurück zur Fahrradvermietung in ① **Cuxhaven-Duhnen** bringt. Nach der Fahrradübergabe kannst du gegenüber im **Adventure-Golf-Park** *(tgl. 11–19, Hauptsaison 10–21 Uhr | short.travel/ofl6)* eine Runde dieses neuartigen Minigolfs auf Rasenbahnen spielen.

GUT ZU WISSEN

DIE BASICS FÜR DEINEN URLAUB

ANKOMMEN

ANREISE

Autobahnverbindung besteht über die A28 bzw. A29 via Bremen mit Emden (130 km) und Wilhelmshaven (100 km), über die A27 mit Bremerhaven (60 km) und Cuxhaven (100 km) sowie über die A31 zwischen Duisburg und Emden (265 km).

Aus dem Rheinland sowie von Münster und Bremen führen Bahnlinien nach Emden und Norddeich. Von Bremen und Osnabrück kommst du nach Nordenham und Wilhelmshaven, von Bremen und Hamburg nach Cuxhaven sowie Bremerhaven.

Fernbusse verbinden Emden, Leer, Wilhelmshaven, Bremerhaven und Cuxhaven und auch kleinere Orte wie Carolinensiel und Hooksiel vor allem mit Städten in Westdeutschland sowie mit Bremen und Berlin. Flixbus fährt z. B. Emden, Leer, Wilhelmshaven und Bremerhaven an, Blablabus hält immerhin in Leer. Angenehm engmaschig ist das Netz von Eurolines: Die Busse machen Station in Bremerhaven, Wilhelmshaven, Leer, Emden, Aurich, Wittmund, Norden und Norddeich.

Der nächste Flughafen ist Bremen. Helgoland wird ganzjährig ein- bis dreimal täglich im Linienverkehr vom Flughafen Cuxhaven/Nordholz *(fliegofd.de)* angesteuert.

AUSKUNFT

Auskünfte über die ganze Region gibt *Die Nordsee (Tel. 04421 9 56 09 91 | die-nordsee.de).* Spezialisiert auf die Region zwischen Jade und Ems ist *Ostfriesland Tourismus (Tel. 0491 91 96 96 60 | ostfriesland.de).* Auf der Halbinsel Butjadingen hilft der *Tourismus-Service Butjadingen (Tel. 04733 92 93 40 | butjadingen.de).*

Flaggengeflatter: Zur Kutterregatta in Neuharlingersiel hängt so manches Fähnchen im Wind

WEITER-KOMMEN

ÖFFENTLICHE VERKEHRSMITTEL

Eine Bahnlinie verbindet Leer mit Emden, Marienhafe, Norden und Norddeich, eine andere Wilhelmshaven, Sande und Jever mit Wittmund und Esens. Außerdem gibt es Zugverkehr zwischen Bremen, Bremerhaven, Wremen, Dorum, Nordholz und Cuxhaven sowie zwischen Bremen, Oldenburg, Sande und Wilhelmshaven.

INSIDER-TIPP
Für 1 Euro quer durch Ostfriesland

Die meisten anderen Orte werden durch Buslinien erschlossen. Supergünstig erkunden lässt sich Ostfriesland mit dem Urlauberbus *(urlauberbus.info)*: Für 1 Euro pro Person und Strecke können Urlauber, die eine Gäste- oder Kurkarte eines Orts zwischen Ems und Jade besitzen, beliebig weit durch die Region reisen und auch die Stadtbusse in Emden und Wilhelmshaven nutzen. Das Angebot gilt täglich ab 9 Uhr außer am ersten und letzten Gültigkeitstag der Gästekarte.

Zwischen Wilhelmshaven und Eckwarderhörne (Butjadingen) verkehrt von Juni bis August täglich, im Mai Sa/So, im September Fr–So zweimal täglich eine Personen- und Fahrradfähre *(reederei-warrings.de)*, zwischen Bremerhaven und Blexen/Nordenham ganzjährig mehrmals täglich eine Autofähre *(weserfaehre.de)*.

IM URLAUB

BADEN & STRÄNDE

Die niedersächsische Nordseeküste ist kein ideales Baderevier. Oft sind ab-

WAS KOSTET WIE VIEL

Tee	um 5 Euro *für eine Kanne*
Bier	um 3,40 Euro *für 0,3 l vom Fass*
Souvenir	um 14 Euro *für einen Plüsch-Ottifanten im Otto Huus in Emden*
Imbiss	um 4 Euro *für ein Fischbrötchen*
Strandkorb	7–10 Euro *für die Miete pro Tag*
Ausflug	17 Euro *für eine Wattwanderung von Cuxhaven nach Neuwerk*

gesteckte und bewachte Schwimmareale gezeitenbedingt nur zu bestimmten Zeiten zu nutzen, die meist nur zwei bis drei Stunden täglich umfassen. Auch mit Wellen ist an der Festlandküste kaum zu rechnen, da die vorgelagerten Ostfriesischen Inseln die Brandung stark abmildern. Am ehesten erlebst du sie noch an der Hooksieler Bucht oder an den Stränden Cuxhavens. Dafür gibt es in vielen Küstenorten Spaß- und Hallenbäder.

Ungewohnt für Urlauber, die zum ersten Mal an die niedersächsische Nordseeküste kommen, ist die Umzäunung der meisten Sand- und Grünbadestrände. Kostenlosen Zutritt haben hier nur Gäste, die ihre Kurtaxe bezahlt haben. Alle anderen müssen eine Eintrittsgebühr entrichten. FKK-Strände gibt es in Hooksiel, in Cuxhaven-Duhnen, auf Helgoland sowie auf Borkum und Norderney, über FKK-Campingplätze verfügen Cappel-Neufeld und Schillig.

GEZEITENKALENDER

Der Tidenkalender, der die genauen Hoch- und Niedrigwasserzeiten für jeden Tag nennt, ist an der Nordseeküste unerlässlich. Du erhältst ihn meist kostenlos bei den Kurverwaltungen oder auf *bsh.de*.

INTERNETZUGANG & WLAN

In den Hotels steht WLAN zumeist kostenlos zur Verfügung. Auch viele Cafés, Restaurants, Pensionen und Bibliotheken bieten einen kostenlosen WLAN-Zugang an. Deutlich schwieriger wird es allerdings unterwegs: Je nach Anbieter kann der Empfang in ländlichen Gebieten sehr eingeschränkt sein. Manchmal ist es dann kaum möglich, eine Website zu laden. Deshalb empfiehlt es sich, alle unterwegs benötigten Informationen im Vorfeld zu recherchieren und z. B. mit einem Screenshot auch unterwegs verfügbar zu machen.

JUGENDHERBERGEN

Entlang der niedersächsischen Nordseeküste stehen mehr als ein Dutzend Jugendherbergen. Auskunft: *Deutsches Jugendherbergswerk (Tel. 05231 7 40 10 | djh.de)*

KURTAXE

Fast alle Küstenorte der Region erheben in der Sommersaison eine Kurtaxe, einige auch im Winter. Erwachsene zahlen im Sommer meist um 2,50 Euro/Tag, Kinder um 0,80–1,60 Euro.

FESTE & EVENTS

RUND UMS JAHR

APRIL/MAI

Vielerorts stehen geschmückte **Maibäume**. In der Nacht zum 1. Mai müssen diese gut bewacht werden, denn einen Maibaum zu stehlen, ist Brauch. Wird er gestohlen, muss er mindestens mit einer Kiste Bier ausgelöst werden.

MAI/JUNI

Nordseewoche Helgoland, *nordseewoche.org:* an Pfingsten die größte Segelsportveranstaltung an der Nordsee mit vielen Möglichkeiten zum Mitsegeln

JULI

Schützenfest (Esens), *schuetzen-esens.de:* Schausteller und Fahrgeschäfte, großes Festzelt

Größtes **Labskausessen** der Welt in der Wilhelmshavener Innenstadt, begleitet von Shantychören

JULI/AUGUST

Trab- und Galopprennen (Hooksiel), *hooksieler-rennverein.de*

AUGUST

Watt En Schlick Fest (Dangast), *wattenschlick.de:* Indiebands spielen direkt am Strand.

Kutterregatta Neuharlingersiel mit bunt beflaggten Kuttern

Schlickschlittenrennen (Upleward), *schlickschlittenrennen.de:* Das Ziel ist, einen Schlitten möglichst geschickt und schnell durchs Watt zu manövrieren. Sauber bleibt dabei niemand (Foto).

SEPTEMBER

Lütetsburger Herbstmesse im Schlosspark von Lütetsburg mit Mitmachaktionen und kulinarischen Ständen

OKTOBER

Gallimarkt (Leer), *gallimarkt.net:* größtes Volksfest Ostfrieslands

Halloween, *halloween-esens.de:* Esens mutiert zur Zombiestadt.

ADVENTSZEIT

Engelkemarkt (Emden): Weihnachtsmarkt auch auf Pontons im Hafenbecken

Ein Strandkorb macht das Sonnenbad auch bei steifer Brise möglich

Einige Orte haben in der Vor- und Nachsaison günstigere Tarife. Auf Helgoland ist es teurer, dafür zahlen Kinder und Jugendliche hier aber nichts. Als Gegenleistung erhält man eine Kur- oder Gästekarte, die zur kostenlosen Nutzung verschiedener Einrichtungen sowie zum ermäßigten Eintritt bei Hallenbädern, Museen und Veranstaltungen berechtigt. Ohne Gästekarte ist der Besuch der Badestrände meist kostenpflichtig.

NATIONALPARK

Kleine Nationalparkhäuser informieren in vielen Orten zwischen Ems und Elbe über das Welterbe Niedersächsisches Wattenmeer. Sie bieten auch Vorträge, Veranstaltungen speziell für Kinder und Führungen durch Teilbereiche des Wattenmeers an. Im gesamten Nationalpark Niedersächsisches Wattenmeer gibt es drei Zonen von unterschiedlicher Schutzintensität. Die Ruhezone darf das ganze Jahr hindurch ausschließlich auf den ausgewiesenen Wegen betreten werden. Für die Zwischenzone gilt diese Vorschrift meist von April bis Juli; die örtlichen Behörden können weitere Verbote aussprechen. Hunde müssen in diesen beiden Zonen an der Leine geführt werden. Pflanzen zu pflücken ist im gesamten Nationalpark verboten. Die Natur hat überall Vorrang vor dem Menschen; nur in der Erholungszone, die normalerweise die Orte und Badestrände umfasst, wird touristischen Interessen stärker Rechnung getragen. Karten mit den unterschiedlichen Zonen sind in allen Nationalparkhäusern und bei den örtlichen Touristeninformationen kostenlos erhältlich. *nationalpark-wattenmeer.de.*

ÖFFNUNGSZEITEN

Die in diesem Reiseführer angegebenen Öffnungszeiten von Museen und Sehenswürdigkeiten können sich ändern. Falls du wegen einer Besichtigung einen Umweg planst oder eigens für eine Besichtigung anreist, empfiehlt es sich, vorher auf der Website die aktuellen Zeiten zu checken. An Feiertagen gelten zumeist die Sonntagszeiten.

REISEZEIT

Die Nordseeküste ist immer ein lohnendes Ziel. Zwischen Ende Oktober und dem Beginn der Osterferien sind aber – mit Ausnahme über Weihnachten und Silvester – nicht alle Pensionen und Gästehäuser bzw. Restaurants und Geschäfte geöffnet. Du solltest dann vor einem Besuch anrufen.

STRANDKÖRBE

Strandkörbe können überall im Voraus gebucht werden. Spontanbesucher haben auch die Möglichkeit, sie direkt vor Ort zu mieten (ca. 5–11 Euro/Tag).

UNTERKUNFT

Alle Urlaubsorte geben Verzeichnisse heraus, in denen du Angaben zu Hotels, Campingplätzen, Pensionen, Privatzimmern, Ferienhäusern und Apartments findest. Häufig kann man sich auch auf der Website des jeweiligen Orts informieren. Wenn du ohne Reservierung anreist – was du nur in der Nebensaison tun solltest –, sind die Touristinformationen bzw. Kurverwaltungen bei der Suche behilflich. Bauernhöfe und Heuhotels vermittelt die *AG Urlaub und Freizeit auf dem Lande (Tel. 04231 96650 | bauernhofferien.de).*

GRÜN & FAIR REISEN

Du willst beim Reisen deine CO_2-Bilanz im Hinterkopf behalten? Dann kannst du deine Emissionen kompensieren *(atmosfair.de; myclimate.org)*, deine Route umweltgerecht planen *(routerank.com)* oder auf Natur und Kultur *(gate-tourismus.de)* achten. Mehr über ökologischen Tourismus erfährst du hier: *oete.de* (europaweit); *germanwatch.org* (weltweit).

NOTFÄLLE

NOTRUF

Polizei *Tel. 110,* Feuerwehr und Notarzt *Tel. 112*

WETTER AUF BORKUM

Hauptsaison
Nebensaison

	JAN.	FEB.	MÄRZ	APRIL	MAI	JUNI	JULI	AUG.	SEPT.	OKT.	NOV.	DEZ.
Tagestemperaturen	3°	4°	6°	10°	15°	18°	20°	20°	18°	13°	8°	5°
Nachttemperaturen	-1°	-1°	1°	5°	8°	12°	14°	14°	12°	8°	4°	1°
Sonnenschein Stunden/Tag	1	2	4	5	6	8	6	6	5	3	2	1
Niederschlag Tage/Monat	12	10	8	8	7	8	11	11	11	13	13	12
Wassertemperatur in °C	5	4	5	8	12	15	18	19	17	13	10	7

Sonnenschein Stunden/Tag   Niederschlag Tage/Monat   Wassertemperatur in °C

URLAUBS FEELING

ZUM EINSTIMMEN & AUSKLINGEN

LESESTOFF & FILMFUTTER

OSTFRIESENKILLER

Klaus-Peter Wolfs erster, 2007 erschienener Ostfriesland-Krimi aus der Reihe um die Ermittlerin Ann Kathrin Klaasen. Eine kleine Stadt in Ostfriesland wird darin durch eine Serie von Morden erschüttert. Schon bald betäubt die Ermittlerin den Schmerz über einen privaten Verlust durch die Jagd nach dem Serienkiller.

DAS OSTFRIESENKOCHBUCH

Annelene von der Haar hat auf 160 in Ostfriesenblau gebundenen Seiten viele traditionelle Rezepte zum Nachkochen und -backen gesammelt.

GEGEN DIE WELT

Jan Brandt aus Leer erzählt in seinem 2011 erschienenen und gleich für den Deutschen Buchpreis nominierten Debütroman auf über 900 Seiten die Geschichte vom Erwachsenwerden in der ostfriesischen Provinz.

OTTO – DER AUSSERFRIESISCHE

In dem 1989 produzierten Film wohnt Drehbuchautor, Hauptdarsteller und Co-Regisseur Otto Waalkes im Pilsumer Leuchtturm. Von dort aus versucht er, den Bau einer Teststrecke für Hochgeschwindigkeitszüge zu verhindern.

PLAYLIST QUERBEET

0:58

ENNO BUNGER – BLOCKADEN
Singer-Songwriter aus Leer mit melancholischem Sound

JOCO – WHY DIDN'T I SEE
Das ostfriesische Schwesternduo nahm auch schon ein Album in den berühmten Abbey-Road-Studios in London auf

SCOOTER – HOW MUCH IS THE FISH?
H.P. Baxxter heißt eigentlich … na? Hans Peter Geerdes und stammt aus Leer

HURRICANE DEAN – FLAT RANDOM NOISE
Ein musikalischer Wirbelsturm aus Ostfriesland mit kraftvoller Stimme

KNALLFROSCH ELEKTRO – SO DUMM KOMMEN WIR NICHT MEHR ZUSAMMEN
Lebendiger Elektro aus Ostfriesland mit punkigen Einschlägen

Den Soundtrack zum Urlaub gibt's auf ***Spotify*** *unter* ***MARCO POLO Nordsee***

Oder Code mit Spotify-App scanner

AB INS NETZ

MARINETRAFFIC.COM
Welches Schiff zieht da eigentlich gerade vorbei? Die Website zeigt dir in Echtzeit, welche Schiffe gerade wo unterwegs sind. Funktioniert übrigens nicht nur auf dem Meer, sondern auch auf jedem Fluss.

SCHIFFE-EMDEN.DE
Die Website ist nicht nur ein Schatzkästchen an maritimer Fotografie, es gibt auch jede Menge Infos zu Shipspotting sowie Reportagen über die Ems bis hin zu den Kreuzfahrtschiffen der Meyer-Werft in Papenburg.

TEETIED-OSTFRIESLAND.DE
Zwei Dutzend Ostfriesinnen und Ostfriesen bloggen zu touristisch interessanten Themen.

LOSTFRIESLAND
Wenn Nebel aufzieht und das Moor gluckst, kann es in Ostfriesland richtig gruselig werden. Wetten? In der App geht es um eine verschwundene Gruppe von Studenten.

RADIO OSTFRIESLAND
Die App ermöglicht den mobilen Empfang von Radio Ostfriesland.

TRAVEL PURSUIT

DAS MARCO POLO URLAUBSQUIZ

Weißt du, wie Ostfriesland tickt? Teste hier dein Wissen über die kleinen Geheimnisse und Eigenheiten von Land und Leuten. Die Lösungen findest du in der Fußzeile. Und ganz ausführlich auf den S. 20–25.

❶ Was ist ein Knakenbreker?

a) Eine Zange, um die Hummerscheren zu knacken
b) Die ostfriesische Variante eines Heilpraktikers
c) Ein auf Muscheln spezialisierter Wattvogel

❷ Wie viele Robbenarten gibt es in der Nordsee?

a) Zwei
b) Fünf
c) Sieben

❸ Die Gezeiten verschieben sich jeden Tag um …

a) Gut 60 Sekunden
b) Etwa 30–90 Minuten
c) Knapp vier Stunden

❹ Wenn auf einem religiösen Gebäude ein Hahn steht, handelt es sich um …

a) Eine reformierte Kirche
b) Eine lutherische Kirche
c) Eine katholische Kirche

❺ Wer geht in ein Melkhus?

a) Schafe und Ziegen
b) Kühe
c) Radfahrer

❻ Wie lebt ein Hummer in der Nordsee?

a) Er ist ein Einzelgänger
b) Er lebt dauerhaft mit einem Weibchen zusammen
c) Er lebt im Gegensatz zum amerikanischen Hummer in großen Verbünden

Lösungen: 1b, 2a, 3b, 4a, 5c, 6a, 7b, 8a, 9c, 10b, 11b, 12a

Der Begriff Melkhus ist sogar rechtlich geschützt – wir sind schließlich in Deutschland

❼ Was ist ein Galerieholländer?

a) Ein besonders herrschaftliches Kaufmannshaus mit umlaufender Galerie im Obergeschoss

b) Eine Windmühle mit Unterbau

c) Ein heute nur noch in Museumshäfen anzutreffender Fischkutter

❽ Wen oder was nennen die Ostfriesen Blixem?

a) Den Teufel

b) Den Moorteufel, eine kleine Eidechsenart

c) Den Seeteufel, einen begehrten Speisefisch

❾ Als das Teetrinken im 18. Jh. aufkam, propagierte die Obrigkeit stattdessen den Genuss von ...

a) Milch

b) Kaffee

c) Bier

❿ Warum lohnt ein Besuch in Rysum?

a) Weil hier das Otto-Haus steht

b) Weil es ein besonders schönes Warfendorf ist

c) Weil es eine typische Fehnsiedlung ist

⓫ Was ist Boßeln?

a) Das ostfriesische Wort für „Krabben pulen"

b) Ein typisch ostfriesischer Freizeitsport

c) Der Fachbegriff für die Schöpfwerke zur Entwässerung der Marsch

⓬ Wer fühlt sich in einem Heller wohl?

a) Queller und Salzschlickgras

b) Kurgäste und Rehapatienten

c) Kegelrobben und Seehunde

REGISTER

LOB ODER KRITIK? WIR FREUEN UNS AUF DEINE NACHRICHT!

Trotz gründlicher Recherche schleichen sich manchmal Fehler ein. Wir hoffen, du hast Verständnis, dass der Verlag dafür keine Haftung übernehmen kann.

MARCO POLO Redaktion • MAIRDUMONT • Postfach 31 51
73751 Ostfildern • info@marcopolo.de

Impressum
Titelbild: Wattenmeer am Jadebusen vor Dangast (Schapowalow: C. Bäck)
Fotos: AWL/imageBROKER: Th. Hinsche (108/109); O. Cordsen (139); W. Dieterich (107, 132); Getty Images/iStockphoto: jotily (Klappe vorne außen, Klappe vorne innen), kabVisio (28/29), Santje09 (Klappe hinten); O. Heinze (59); huber-images: G. Croppi (92/93), G. Gräfenhain (56), Szyszka (102); T. Krüger (11, 16/17); laif: T. Babovic (10), R. Brunner (74/75, 101), M. Kirchner (50, 86), J. Modrow (120), A. Teichmann (60); Look: U. Böttcher (124), H. Wohner (48, 54/55), K. Wothe (24, 68); mauritius images: M. Habel (26/27, 71, 91, 128/129, 136/137), T. Hellmann (90), Ch. Hikade (64), J. Schwarz (127); mauritius images/foodcollection (29); mauritius images/Hemis.fr/R. Mattes: R. Mattes (6); mauritius images/imagebroker: T. Robbin (53); mauritius images/imageBROKER: J. Tack (134/135); mauritius images/Radius Images (34/35); mauritius images/rphstock (21, 40/41); picture alliance/Bildagentur-online: McPhoto-Boyun (14/15); picture alliance/blickwinkel: E. Teister (47); picture alliance/dpa (12, 44, 84), C. Jaspersen (131), I. Wagner (67); picture alliance/DuMont Bildarchiv (115, M. Kirchner (13, 22, 32/33, 33, 36, 63, 72), Schulz (82); shutterstock: gg-foto (81), LianeM (116/117), H. Lueder (2/3), maximilianstudio (8/9), H. Pinkall (88/89, 97), A. Rose (113)

11. Auflage 2021, komplett überarbeitet und neu gestaltet

Autoren: Maria Berentzen, Klaus Bötig; Redaktion: Nikolai Michaelis; Bildredaktion: Barbara Mehrl
Kartografie: © MAIRDUMONT, Ostfildern (S. 38–39, 118, 121, 123, 126, Umschlag außen, Faltkarte)
© MAIRDUMONT, Ostfildern, unter Verwendung von Kartendaten von OpenStreetMap, Lizenz CC-BY-SA 2.0 (S. 42–43, 52, 76–77, 79, 85, 94–95, 99, 104, 110–111)
Als touristischer Verlag stellen wir bei den Karten nur den De-facto-Stand dar. Dieser kann von der völkerrechtlichen Lage abweichen und ist völlig wertungsfrei.
Gestaltung Cover, Umschlag und Faltkartencover: bilekjaeger_Kreativagentur mit Zukunftswerkstatt, Stuttgart
Gestaltung Innenlayout: Langenstein Communication GmbH, Ludwigsburg
Texte hintere Umschlagklappe: Lucia Rojas
Konzept Coverlines: Jutta Metzler, bessere-texte.de

Printed in Poland

MIX
Paper from responsible sources
FSC® C018236

MARCO POLO AUTORIN
MARIA BERENTZEN
Die freie Journalistin lebt seit mehr als sieben Jahren auf dem platten Land. Sie genießt es, auch mal einen See ganz für sich allein zu haben – obwohl das oft bedeutet, dass die Mücken auch sie für sich allein haben. Ostfriesland erkundet sie gern zu Fuß oder mit dem Rad, fragt sich aber, wieso der Wind immer von vorne kommt. Vor allem schätzt sie die handfesten Ostfriesen: Ein Wort ist ein Wort. Und das gilt!

BLOSS NICHT!

FETTNÄPFCHEN UND REINFÄLLE VERMEIDEN

DÜNENSCHUTZ MISSACHTEN

Die Dünen auf den Ostfriesischen Inseln schützen vor Erosion durch Wind und Wasser, solange ihre Pflanzendecke intakt ist. Es ist deswegen verboten, die Dünen abseits der ausgewiesenen Wege zu betreten und dort zu lagern oder zu rauchen.

MÖWEN FÜTTERN

Möwen machen anderen Vögeln den Lebensraum streitig und gefährden sogar deren Brut. Deshalb solltest du nicht durch Füttern zu ihrer Vermehrung beitragen.

AUSSENDEICHS PARKEN

An Ostfrieslands Küsten gibt es insbesondere in Hafennähe auch Parkplätze auf der Meerseite des Deichs. Zwischen Herbst und Frühjahr solltest du dein Auto dort aber nie über Nacht parken und im Sommer nie für mehrere Tage dort stehen lassen. Sonst verschlingt ihn – bei entsprechender Wetterlage – die aufgewühlte Nordsee.

BEREITS GESCHÄLTEN GRANAT KAUFEN

Im Fischgeschäft solltest du immer ungepulten Granat vorziehen. Nur dann kannst du sicher sein, dass er nicht schon eine lange Reise zum Schälen in Polen oder Nordafrika hinter sich hat. In jedem Fischladen zeigt man dir, wie die kleinen Krabben im Handumdrehen speisefertig werden.

SEEHUNDEN ZU NAHE KOMMEN

Von Seehunden solltest du mindestens 500 m Abstand halten. Manchmal findet man einen scheinbar von den Eltern verlassenen oder kranken Heuler am Strand. Berühr ihn auf keinen Fall, sondern informier die Kurverwaltung oder einen Vertreter des Nationalparks.